中国乡村游 2017

China country tour

CHINA COUNTRY TOUR 新华版 2017

新华出版社新媒体中心·编著

新华出版社

图书在版编目（CIP）数据

中国乡村游2017/新华出版社新媒体中心编著. —北京：新华出版社，2016.12
ISBN 978-7-5166-3050-1
Ⅰ.①中… Ⅱ.①新… Ⅲ.①乡村旅游—旅游指南—中国—2017 Ⅳ.①K928.9

中国版本图书馆 CIP 数据核字（2016）第 314286 号

中国乡村游2017
作　　者：新华出版社新媒体中心

选题策划：新华出版社新媒体中心
责任编辑：张程　雒悦　林郁郁　刘耀京　**封面设计**：燕清创意
责任印制：廖成华　**责任校对**：刘保利

出版发行：新华出版社
地　　址：北京石景山区京原路 8 号　**邮　　编**：100040
网　　址：http://www.xinhuapub.com
经　　销：新华书店
购书热线：010-63077122　**中国新闻书店购书热线**：010-63072012

照　　排：新华出版社照排中心
印　　刷：北京凯达印务有限公司
成品尺寸：160mm×230mm
印　　张：19.75　**字　　数**：200千字
版　　次：2017年4月第一版　**印　　次**：2017年4月第一次印刷
书　　号：ISBN 978-7-5166-3050-1
定　　价：52.00元

目录一

CONTENTS ONE

目录二
CONTENTS TWO

2. 风光秀丽大美中国

3. 多彩民族民俗村

4. 历史文化古村落

5. 热门影视取景地

前　言

PREFACE

每个人的心中都有一个故乡，在乡村，在田野。

那是泥融飞燕子，沙暖睡鸳鸯的春日，绿遍山原白满川，子规声里雨如烟。或许是汗滴禾下土的盛夏，水满田畴稻叶齐，日光穿树晓烟低。或许又是空山新雨后的秋季，野旷江清，你倚杖柴门外，临风听暮蝉。或者，干脆就是白雪皑皑的冬天，柴门闻犬吠，风雪夜归人，待你进得茅屋，便看到绿蚁新醅酒，红泥小火炉。这就是我们的乡村，流淌在我们的文化血液中，生生不息，世世眷恋。中国文化的乡村是美好的，是安详的，是悠长的，徜徉其中的每个中国人不时会遇到故人具鸡黍，邀我至田家的热情，遭遇开轩面场圃，把酒话桑麻的温馨。

我们的土地，有幸保有美丽乡村，四季皆景，处处有彩。在皖南，粉墙黛瓦的徽派古民居和云雾缭绕的远山相映生辉，像一幅水墨画卷；在晋北，传统建筑群落布局合理，依山傍水，气势恢宏。金秋时节，西南乡村的梯田里，稻谷进入成熟观赏季，金黄色的梯田一层层延伸到远方，美不胜收；寒冬腊月，东北密林的乡村，积雪覆盖着村落，只露出贴满喜庆的窗户和飘出袅袅炊烟的烟囱。这就是我们的乡村，安静地与我们共处一个时空，享受着时光的变幻、岁月的静好。而我们极可能就是踏着乡间的小路，走过溪流上的小桥，走向更大的舞台。

望得见山、看得见水、记得住乡愁，这是现代的期望。

“贾谊三年谪，班超万里侯。何如牵白犊，饮水对清流。”对乡村的依恋，对安详生活的向往，想必是我们的共识。遗憾的是，快节奏的工作可能会让部分人感叹缺乏“行到水穷处，坐看云起时”的时间与心境；高昂的生活成本也许让部分人徒生“归田园”之心，可何处去寻找“方宅十余亩，草屋八九间”？甚至，游人置身乡村，还会感叹如今的乡村千篇一律，开发过度，淳朴之风难寻，静谧之意不再。诚然，这些都是事实的一面。对乡村的眷恋与向往，不是简单地回归，而是文化的认同和时刻的关注，是尽力而为的接触。为此，我们编辑出版了《中国乡村游》一书，计划做出年度出版物，希望在现代人对乡村的热议之潮中添砖加瓦。

新华社数据库中有诸多乡村题材的文字、图片和多媒体内容。它们分布在各个平台、各条线路、各处机构，像散落地上的珍珠，是我们新华社同事和签约摄影师的心血结晶。浏览这些图文，神游之余不禁在想，为什么不能把这些成果集结成册出版呢？为此，我们从新华社数据库选取了部分乡村，编著成此书，以飨读者。

古北水镇

GU BEI SHUI ZHEN

门　　票：0元。

交通情况：古北水镇交通便利，公交可到达，临近高速，适合自驾游。

古北水镇位于北京市密云县，背靠司马台长城，规划宏伟、古朴典雅、风景美丽，是一处山水城结合的自然古村落。景区内的民国街区、老营区、水街风情区、卧龙堡民俗文化区、汤河古寨区等景点都是由完整的民国风格的山地四合院构成。民房鳞次栉比、错落有致，老街悠长蜿蜒，处处充满浓郁的民俗风情。晴朗的冬日，暖阳照射下的千年古镇，愈发显得宁静雅致。

在古北水镇，游客们不仅可以游览目前保持最完好的司马台长城，还可以在长城脚下参与体验京北当地独特的民情民俗，住进北方特色的民宿；徜徉在繁华的北方商业街；品尝烧肉馆古法蒸核桃、密云烧肉、铁锅羊肉等地道的北国美食和小吃；参观永顺染坊、镇远镖局、司马小烧、八旗会馆等众多古镇景点。此外，水镇还靠近密云桃源仙谷、密云白龙潭、古北口长城等旅游景点。

韭园村

JIU YUAN CUN

门　　票： 京西古道门票27元。

交通情况： 1. 北京西站南广场乘坐890路公交车到陇驾庄站下可到。

2. 乘坐地铁1号线（苹果园方向），在苹果园站下车（A西南口出），步行至地铁苹果园站乘坐892路、M16路、929路、M19路在陇驾庄站下车可到。

京西韭园村坐落在九龙山脚下，为门头沟区王平镇辖村，整个韭园村由东落坡、西落坡、韭园、桥耳涧四个小山村组成。据说，过去这里的人们主要以种植蔬菜为生，尤其以种植韭菜而闻名，因此得名韭园。

村子里还拥有三义庙、碉楼、京西古道、马致远故居、牛角岭关城等人文景观。该村成村历史悠久，应在辽金时代，村中有些古迹是金元时期的建筑。该村是京西古道上的“王平古道”出入古道的第一个古村落。远古风烟，筑城御边，驼队铃响，马帮来往，宗教活动，使古道、西风、驼铃、瘦马等神奇故事流传在古道两侧。据史料记载，现存的京西古道最早的始于五代时期，距今已有1100年的历史。

村内有多处建筑在百年以上的古院落。院内的房屋，青砖灰瓦，木窗雕花，砖雕、石雕相衬。在古道临街古民居的墙上，现还有“古道商铺”的匾额。古道绵延而来，穿村而过。来到韭园村，可以欣赏秀美的田园风光，感受人文景观的历史底蕴。

马栏村

MA LAN CUN

门　　票：0元。

交通情况：适合自驾游。

马栏村位于北京市门头沟区斋堂镇，乃明代圈放马匹之地，故而得名。马栏村地处太行山余脉，位于斋堂镇南部，距离109国道6公里，村域面积16.34平方公里，现有户籍人口近千人。

村内文化底蕴深厚，资源丰富，有继承红色革命传统的冀热察挺进军司令部旧址陈列馆，展示古朴民风的乡情村史陈列室，保持寺庙文化的龙王观音禅林大殿，原生态的水湖岗景区和马栏林场。村庄环境优美，古朴典雅，古庙、古树、古石桥星罗棋布，吸引了大批游客前来参观。

洛古河村

LUO GU HE CUN

门　　票：0元。

交通情况：交通不便。

黑龙江漠河乡，位于东经122°22′30″，北纬53°29′30″，与俄罗斯的依古那恩依诺隔黑龙江相望。它四季景色如画，是中国大陆秋天和冬天最早降临的地方。漠河乡辖洛古河、漠河、北红3个自然村。全乡总面积2380平方公里，却只有居民六百余户不到三千人，平均一平方公里只有一人。漠河乡洛古河村，江对岸为俄罗斯国土。俄罗斯的什勒喀河与中俄界河额尔古纳河在这里汇合，始称黑龙江。

洛古河村，是黑龙江南岸最西部的一个村庄，与俄罗斯波克罗夫村隔江相望，隶属漠河县漠河乡管辖。西距黑龙江省与内蒙古自治区交界线8公里，东距乡政府驻地漠河村50多公里，东南距县城西林吉镇90公里。清代晚期，1886年（清光绪十二年），一批山东采金者到这里挖地窨子住下来开荒种地，始有人家居住。其村名源于附近的一条河名，原称“洛鳖河”。村民们认为不好听，遂改称“洛古河”。

北红村

BEI HONG CUN

门　　票：0元。

交通信息：交通不便。

北红村也位于黑龙江漠河县，是中国最北的没有被开发过的原始村庄。位于北纬53°33′，东经123°17′，北红村坐落于中国的最北端，地处中俄交界处，其南北面环山，黑龙江由西向东穿村边而过。北红村是远离城市喧嚣的净土，真正的最北的村庄。目前已全天供电，村中一些客栈现在已有宽带/Wi-Fi。村中的手机信号只有移动和电信，电信的信号经常出现故障，移动的上网网速不好。村民至今仍未用上自来水，生活用水靠抽取井水。村中现在人口大约320人，只有一所小学（北红村小学），15名学生，3名教师（包括校长）。

北红村位于大兴安岭最北部的群山之中，其四周均为未开发的原始森林，林木浓密，野果遍地，小动物如野猪、狍子、雪兔、飞龙等随处可见。游人需要有当地人作为向导，不然容易迷路。丛林中鸟叫虫鸣，在夏末，可以采摘野果和蘑菇木耳，也可以寻找野生灵芝等名贵药材。沿着鹅卵石的江岸，随着自己的感觉踱步，听着风声、流水声，你会觉得仿佛身处世外桃源。如果你对奇石有兴趣，你可以慢慢前行，弯下腰会发现很多令人惊奇的石头——玛瑙石。相信每个人都可以找到让自己中意的石头。江的对岸就是俄罗斯，有时你会觉得一伸手就可以触碰到对面的树木。

主要景点有北红村、龙江第一弯风景区、乌苏里浅滩、额丘度假山庄等。

北极村

BEI JI CUN

门　　票：60元。

开放时间：全天。

交通情况：可从漠河乘坐旅游大巴抵达。

北极村位于北纬53°33′30″，东经122°20′27.14″，地处黑龙江省漠河县，是中国观测北极光的最佳地点，是中国“北方第一哨”所在地。

1997年北极村开辟为北极村旅游风景区，成为全国最北的旅游景区。北极村民风淳朴，静谧清新，乡土气息浓郁，植被和生态环境保存完好。每当夏至前后极昼发生时，午夜向北眺望，天空泛白，像傍晚，又像黎明。人们可以在室外下棋，打篮球，如果幸运的话可以看到气势恢宏、绚丽多彩的北极光。烟波浩渺的黑龙江从村边流过，江里盛产哲罗、细鳞、重唇、鳇鱼等珍贵冷水鱼。用江水炖江鱼，味道鲜美，无与伦比。游人还可以用丝网挂鱼，江边垂钓，其乐无穷。冬季在冰封的江面上凿开坚冰，用丝网从冰眼里拽出一条条鲜鱼，更增添了北国的情趣。

北极村不仅仅是一个历史悠久的古镇，还逐渐成了一种象征、一个坐标。每年都有很多人从世界各地来到这里，体会那份“最北的幸福”。

兴十四村

XING SHI SI CUN

门　　票：0元。

交通情况：距离齐齐哈尔市区约90公里，建议自驾前往。可以沿着碾北公路，转至015国道，最后在建华路下即达。

位于齐齐哈尔市甘南县的兴十四村是一个美丽的村落，它是改革开放后农村建设的楷模，有着龙江第一村的美誉。

兴十四村的村民个个都有别墅住，住宅环境优美如画，路边鲜花开放，让来参观的城里人都羡慕不已。这片村庄其实是由外乡人组成的移民村，很多山东人在东北勤劳耕作，逐渐建立起了村庄，但是由于地属偏远，略显荒芜，缺少资源，村子本来的状况是一穷二白。后来经过几十年的苦干，将农业和工业完美结合，这里成为全国最佳的示范村，据说村民每年的收入都能达到1万多。来兴十四村参观，看的不仅仅是东北村庄的新风貌，更能感受到一份现代化建设的优越性。

雪乡

XUE XIANG

门　　票：80元。

开放时间：全天开放。

交通情况：从哈尔滨乘火车至牡丹江市，再转乘专线大巴前往雪乡。

位于黑龙江省牡丹江市西南部的大海林林业局双峰林场倚靠长白山，占地面积500公顷。这里冬季降雪频繁，全年积雪期长达7个月，积雪深度有时可达2米，被称为中国“雪乡”。每年冬天，雪乡完善的运营设施、规范的服务标准，吸引了大批中外游客前来游玩，欣赏童话般的雪景。

双峰林场位于张广才岭中段，地处黑龙江省海林市长汀镇，距镇政府有100多公里。12月至次年3月为雪量最大期，雪景最美，适合参与雪上活动。12月初游客并不多，喜欢清净的人可以选择这个时间来旅游。12月中下旬是旅游旺季，屋檐雪挂和雪蘑菇在大自然的雕塑下全面展现出来。从正月初一到初七餐住费用会涨价，不推荐此时去游玩。春节后直到3月中旬雪乡都可以赏雪。每年的2月到3月是降雪最频繁、最大的时候，这个时候是摄影的最好时节。此时游客少，雪景破坏少，屋檐雪挂又最大，气温回升，非常适合小住几日慢慢品味雪乡的魅力。

长寿村

CHANG SHOU CUN

门　　票：0元。

交通信息：交通不便，建议自驾。

延寿县位于哈尔滨市中部，地貌结构为“五山四分田，半水半草原”，生态环境良好，四面群山环绕，腹地是蚂蜒河和亮珠河两大流域形成的冲积平原，土地肥沃，森林覆盖率46.7%。环境质量达到国家一级标准，素有“来延寿、人长寿”的美誉。

长寿村位于延寿县城南16公里、毗邻长寿湖。该村突出特色，统筹规划，建有生态采摘、餐饮服务、休闲垂钓、健身娱乐四个功能区。其中，采摘区大棚20栋、裸地100亩，餐饮区的高标准餐厅可同时容纳250人就餐，垂钓区占地40亩，健身娱乐广场面积达4500平方米，绿化、亮化等基础设施完善，村容整洁，环境优美，绿树环绕，果实飘香，“农家乐”别具浓郁的乡村风情，是集生态观光、果品采摘、商贸物流、餐饮住宿于一体，远近闻名的生态旅游村。

皇后村

HUANG HOU CUN

门　　票：0元。

交通信息：在三棵树客运站坐长途客车到巴彦县。

皇后村坐落在黑龙江省巴彦县富江乡五岳村腰五营屯正南500米处，现存有一处土城遗址。随着时光的流逝，如今只能依稀可见的断壁残垣、萋萋荒草的地方，却是养育了金代四个皇后的远近闻名的“皇后村”。这四个皇后分别是景祖昭肃皇后、康宗敬禧皇后、太祖圣穆皇后和太宗钦仁皇后。

在金代，巴彦县域内有三支女真部落。其中唐括部位于水草肥美、土地膏腴的五岳河旁的隈雅村（小城子遗址）。金代的第六代皇后景祖昭肃皇后唐括多保真就出生在这里。据《金史》记载，唐括多保真（约公元1021年-1091年）心胸豁达，豪爽大度，颇有见识，又温柔贤惠。多保真的品格性情远播到按出虎水（今黑龙江省阿城阿什河）流域的女真最大部落——完颜部落，为部落首领完颜石鲁所称赞，决意让他的儿子完颜乌古乃娶多保真为妻。多保真16岁嫁给乌古乃，生有五子。乌古乃为完颜部第六代首领。在唐括多宝真的辅佐下，完颜部兵力渐强。在征讨蒲聂部时，她和三子劾孙深入敌穴，甘当人质，取信首领，乌古乃则乘此修好之际，袭取蒲聂部，擒获首领，献与辽王，乌古乃被辽国封为节度使，始设官属，建立“纪纲”，奴隶主政权初步形成。

四个女人同出于一个村，又都做了皇后，这在历史上也是少见的。至于隈雅村到后来为什么消失，他们的后代又都流落到哪里，人们很难说清和考证，这个皇后村的历史也就此留下一个千古之谜。

福村

FU CUN

门　　票：40元。

开放时间：7:00–18:00

交通情况：在哈尔滨东站乘坐发往宾县的长途汽车到宾县，在宾县客运站乘坐发往铜矿（走上道路线）的客车，在香炉山风景区下车即到。

福村位于哈尔滨香炉山脚下。香炉山坐落在宾县的南端，是张广才岭的余脉，距哈尔滨80公里，有六座主峰，海拔达790米。香炉山东西长4公里，南北宽3公里，总占地面积2.5万亩，至今保持着原始生态，是距哈尔滨最近的天然森林氧吧。香炉山风景区是以山岳、森林、水体和冰雪等自然景观为主体，集旅游、度假、冰雪、文化娱乐等综合开发建设为一体的休闲旅游胜地。

福村始建于2001年，一开始是看山护林和建筑工人的聚居地，现已发展成具有东北特色的休闲度假地。游人可以在福村感受香炉山的雄伟壮丽，就近游览山区。山区森林覆盖率高达98%，有东北主要树种和各种中药材，还有野狼、狐狸等野生动物。山区另有老道沟、向阳寺遗址。

吉兴村

JI XING CUN

门　　票： 金龙山国家森林公园 40元。

开放时间： 8:00-17:00。

交通情况： 从哈尔滨机场、火车站（北秀宾馆）、哈尔滨（高速口）可乘大巴到景区。

吉兴村距阿城区35公里，距哈尔滨市85公里，全村总面积18.5平方公里，有14个自然屯，16个村民小组，现有住户近三千人，主要以旅游业为主，重点打造头道河子屯风情小镇，目前已建成观光采摘园6处，休闲垂钓园7处，发展农家乐35家。良好的生态环境为乡村生态旅游发展提供了先天条件。

吉兴村森林资源丰富，森林覆盖率达90%以上。国家级4A级景区、省级地质公园、中国红叶之都、哈尔滨近郊休闲度假胜地——金龙山原始森林

公园就坐落于吉兴村。公园生态环境优越，空气清新，水质清澈，奇山、怪石、古树、林海、文物等都保持着原始状态，金龙山森林公园已成为哈尔滨市的第二居所和后花园。

金龙山国家森林公园位于哈尔滨市区东南59公里处阿城大岭乡境内，横头山主峰海拔826米，为哈市第一高峰，公园总面积10万亩，是距离哈市最近的原始森林公园，这里是哈尔滨的后花园，是养生、休闲、避暑、度假的中心，是天然大氧吧。

高丽寨村

GAO LI ZHAI CUN

门　　票：0元。

交通情况：交通不便。

高丽寨，顾名思义是个朝鲜族村寨。它坐落在黑龙江省巴彦县洼兴镇，以其独特的风韵吸引了世人的眼球。

高丽寨旅游景点包括高丽寨村、江湾水库，总面积约5平方公里。这里具有浓厚的民族风情、水域风光、稻田文化、清幽环境、水上乐园。高丽寨村始建于1926年，现有居民92户，人口365人，民族为朝鲜族。风俗仍保持典型的朝鲜族风范，住宅、服饰、餐饮、运动、礼仪、娱乐都保持朝鲜族遗风。高丽寨的节日仍保持朝鲜族的民族习俗，除清明、端午、中秋、春节等传统节日外，还有家庭节日，如回甲（60大寿）、归婚（结婚60周年纪念）等。高丽寨原是以种植稻田为主的农业村，共有水田2000亩，旅游景点的开发为高丽寨村的经济发展起到一定的促进作用。

鲍家村

BAO JIA CUN

门　　票： 0元。

交通情况： 交通不便。

鲍家村地处边缘岗坡丘陵地带，东南部一岭一沟，沟岭伏起，西北部地势平坦，海拔212.9米，位于吉林省农安县城东南，距离县城25公里。

在古时候，我国少数民族在东北地区过着渔牧生活，据载，鲍家村范围内各朝均有少数民族活动。舜时东北各地已有肃镇族，是满族的固有民族，以吉林附近为其根据地。鲍家村也为其活动、游牧波及地区。1960年，鲍家村曾挖出高句丽人用过的炊具和铜钱等物，证实了高句丽人在此地养息生存，高句丽人包括几十个部落，小者千户，大者数千户。

鲍家村形成固定人口居住地始于清朝道光年间，距今二百多年历史，每逢农历一、四、七为集市，简称鲍家大集，辐射周边近百公里半径范围，已延续二百多年，经贸繁荣、远近闻名、至今不衰。鲍家村原为镇，2005年撤销镇级建制，但至今周边县区乡的人还习惯来鲍家赶集。集日凌晨，人声鼎沸，半夜交易，蔚为壮观。

双合村

SHUANG HE CUN

门　　票：0元。

交通情况：交通不便。

双合村位于吉林省榆树市北10公里处，全村辖区面积8平方公里，耕地418公顷，辖5个自然屯，7个村民小组，1530口人。

双合村是新农村建设的典范。2014年，全村总投资2800多万元，实施19项工程，取得明显成效。翻修村内破损水泥路面8千米，新修水泥路6千米；新修路边沟1万米；安装太阳能路灯100盏；修围墙1万延长米，新建大门271个；栽植绿化树木1.2万棵，屯内外绿化达23.8千米；建5处垃圾填埋点，购买3台垃圾清运车，每户一辆手推车；打深井一眼，铺设覆盖全村的自来水管道；建设100平方米标准化卫生所，配备便携X光仪、B超仪、心电仪等设施；建设农机大库890平方米，购买玉米收割机、水稻收割机等农用机械；建立烟叶种植基地，划拨种植指标50公顷；修建长30米的桥涵一座；修建田间砂石路12千米；建设集景观、休闲、运动为一体的文体广场5000平方米；扩建标准化村部。双合村已一跃成为新农村建设的排头兵。

长山村

CHANG SHAN CUN

门　　票：净月潭 30元。

交通情况：乘坐轻轨3号线到净月公园站下车即达。

长山村位于吉林省长春净月高新区新湖镇，紧挨净月潭。净月潭是国家5A级旅游景区，国家级风景名胜区，国家森林公园，全国文明风景旅游区示范点，国家级水利风景区，国家级全民健身户外活动基地。

净月潭景区位于吉林省长春市东南部长春净月经济开发区，距市中心人民广场仅18公里，景区面积为96.38平方公里，其中水域面积为5.3平方公里，森林覆盖率达到96%以上。净月潭因形似弯月状而得名，与台湾日月潭互为姊妹潭。

净月潭是在1934年由人工修建的第一座为长春市城区供水的水源地，在沦陷时期称“水源地”或“贮水池”。景区内的森林为人工建造，含有30个树种的完整森林生态体系，得天独厚的区位优势，使之成为“喧嚣

都市中的一块净土”，有“亚洲第一大人工林海”“绿海明珠”“都市氧吧”之美誉，是长春市的生态绿核和城市名片。

净月潭景区处处皆景致，四季貌不同。亚洲最大的人工森林与山水相依的生态景象构成了净月潭四季变幻的风情画卷。净月潭已然成为春踏青、夏避暑、秋赏景、冬玩冰雪的理想去处。

净月潭不仅是生态休闲中心，更是体育健身中心，作为长春市消夏节和长春冰雪节的主场地，相继开展了净月潭瓦萨国际滑雪节、净月潭森林马拉松、净月潭森林定向赛、净月潭自行车马拉松、青少年阳光体育大会、龙舟赛、旅游大集等赛事和活动，致力于倡导健康、时尚、休闲的生活方式，打造国际知名旅游文化活动的聚集地。

春兴村

CHUN XING CUN

门　　票：0元。

交通情况：交通不便。

依兰镇春兴村位于延吉市东北部，距市区18公里，整体分布于延汪公路两侧，全村共有9个自然屯，占地面积为4307公顷，耕地面积321公顷，草场2000公顷，常住人口364户1329人，朝鲜族占70%。

春兴村是朝鲜族古村落，历史悠久，特色鲜明。村子里的建筑保留了浓郁的民族特点，房屋和家具都是原木的；民风淳朴，游人可体验朝鲜族的家居生活，又可户外采摘。近年来，为加大农村环境整治力度，春兴村先后投资1000余万元，修建水泥路20公里，实现了“屯屯通”和“户户通”。新建和翻建农房326户、卫生院1间，并兴修了9000米的自来水工程，解决了居民的吃水难问题；修建5500延长米的艺术栅栏和1200延长米的民俗院墙，为打造民俗文化旅游特色村屯打下坚实基础。春兴村不仅重点完成了基础设施建设，还加强村民的出行和人居环境方面的建设，种植了2000多株云杉，安装了144盏太阳能路灯，改造农厕128个，置换老旧屋顶56个，修建排水边沟1950延长米，切实改善了村民的居住条件，使村民真正享受到环境整治带来的成果。

防川村

FANG CHUAN CUN

门　　票：20元。

交通情况：在珲春客运站乘汽车到防川村，在村口就可以看到景区牌子了。

防川村位于吉林省珲春城以南约70公里处的敬信镇，有著名景点防川风景名胜区（即防川景区）。防川村位于张鼓峰下，是吉林省的最低点。往前数公里便是1886年由清政府钦差大臣吴大澂会同沙俄代表巴拉诺夫监立的“土”字界碑。从这里到图们江口只有15公里，可以远眺日本海。登上附近山包上的瞭望塔，远处那雾气蒙蒙的日本海连着天际；近处中朝俄三国的景致尽收眼底，左侧是俄罗斯的边城包德哥尔那亚，右侧隔江则是朝鲜的豆满江市。风景区位于中朝俄三国交界的地带，涉江临海，依山傍水，自古就有“鸡鸣闻三国，犬吠惊三疆”之称。

该区以其独特的“一眼望三国”以及区内的

自然湖泊、森林、珍稀植物、鸟类等闻名于世，是国家级森林公园、远东豹保护区的核心地带。防川东面是俄罗斯的边境路小站包得哥尔那亚，西南面隔图们江与朝鲜豆满江市相望。俄朝的这两个城市由图们江上的一座铁路桥相连接，是联结俄朝陆路贸易的唯一纽带。从防川沿图们江而下15公里即进入日本海，可成为中国俄罗斯、日本、朝鲜半岛乃至东北亚国家和地区进行贸易的“海上丝绸之路”。

白龙村

BAI LONG CUN

门　　票：20元。

交通情况：乘车至图们站后打的可达。

月晴镇白龙村位于吉林省东南部延边朝鲜族自治州图们市境内，距镇区9.5公里，东以图们江为界与朝鲜民主主义人民共和国隔江相望，西与延吉小河龙相邻，南与龙井市开山屯镇相邻，北接石建村。

白龙村建于清光绪初，当初村民常被老虎伤害，多次发布告驱虎，故取名为“布瑞坪”，朝鲜语意为发布告驱虎。后来人们以朝鲜族民间传说中白龙能驱虎之意，就改名为白龙。白龙村清末属宁远堡雾晴社，1936年属和龙县月晴村，1940年划归延吉县，1983年改为月晴镇白龙村。月晴镇白龙村的百年老宅是由朝鲜移民朴如根1898年始建，1901年9月份竣工，房屋采用土木和瓦结构建造，无一根钉子，使用工具为大锛、小锛、斧子等，所用木材是由长白山用木排运至此地，建房所用瓦片均由对岸朝鲜运至，是传统的朝鲜族民居。房屋坐北朝南，为八间，以火炕取暖是房屋内部结构的一个显著特点，炕的面积一般占屋内总面积的2/3，房屋分外屋、里屋、厨房、牛房、外廊。门窗均为细木格子门棂，房屋间的隔段全部是木制推拉门。整洁的青色瓦垅，耸立的屋脊，雪白的墙壁，给人一种清新、舒适、整洁的美感。房屋具有传统朝鲜族民宅的代表性，具有极高的历史价值、艺术价值和科学价值，是朝鲜族变迁、兴衰、演化的历史及人们生活进化的历史文脉。

随着朝鲜族移民的增多，白龙村逐渐形成了成片式的建筑群。至今仍保存较为完整的“中国朝鲜族百年部落”是典型的朝鲜族建筑群，它由13座风格各异、用途别样的朝鲜族房屋构成，院落内牛车、辘轳、坛子等传统的农耕器具和物品随处可见，散发着浓郁的朝鲜族乡间气息。园内由107年的传统老宅、百年泉水井、豆腐坊、米肠坊、打糕坊、米酒坊、咸菜坊、农事作坊、铁匠铺、民间古董展示店、民间集市区、民俗表演区等十几个部分构成。“中国朝鲜族百年部落”是集民俗饮食、传统农耕生活、民俗表演娱乐为一体的“农家乐”旅游区，让人直观感受近百年来朝鲜族农耕、生产生活、饮食、娱乐等原汁原味的民俗风情。

大山村

DA SHAN CUN

门　　票： 0元。

交通情况： 自驾路线：敦化市—新华路—东环路—工农路—丹峰大街—华康大街—G201—终点。

敦化市雁鸣湖镇位于敦化市东北部，距市区50公里，地处牡丹江下游，位于吉黑两省交界处，与黑龙江省宁安市接壤，是吉林省的东大门，主要居住着汉、朝鲜、满族三个民族。镇政府驻大山村。该镇坐落在雁鸣湖南岸，因雁鸣湖而得名。雁鸣湖镇是3A级旅游度假区，有西汪永古墓、雁鸣湖渔村等景点。

雁鸣湖湿地位于吉林省敦化市境内，地处牡丹江上游源头80公里处，距离我国最大的高山堰塞湖——镜泊湖30公里，丰富的湿地类型对牡丹江、镜泊湖水文环境的保护有着重要意义。

雁鸣湖历悠久，境内曾发现新石器时代的遗迹，其中渤海国公主墓迁移时遗留下的二十四块石等遗迹，具有一定的考古研究价值。雁鸣湖区域内拥有大小水库82座，并建有环境优雅的旅游度假村。

金达莱村

JIN DA LAI CUN

门　　票：0元。

交通情况：自驾可从珲乌高速公路至延吉，经延吉-和龙一级公路出发至距金达莱村约10公里处。

金达莱村，位于吉林省延边州和龙市，延和一级公路北侧，距和龙市区21公里，全村面积4369公顷。金达莱村共计511户1332人。其中朝鲜族人口占全村总人口的91%。金达莱村是和龙市2010年遭受洪灾的重灾区。镇党委、政府经过深入调研，历经50天的奋斗，完成了85户住房重建任务，实现了“灾村”变“新村”的华丽转身。金达莱村现已成为和龙市“平岗绿洲”建设的重要节点。金达莱朝鲜族民俗村总体规划占地面积达45公顷，主要分为特色农业产业区、金达莱庆典广场、假日农场、民俗商业区、高级私人别墅区、民俗酒店等。按照总体规划，金达莱村将依托历史、民俗、生态、文化等特色，建设成为一个极具民族特色的农家旅游景点。

百草沟

BAI CAO GOU

门　　票：0元。

交通情况：交通不便。

百草沟镇隶属于吉林省延边朝鲜族自治州汪清县，面积584.02平方千米。百草沟镇辖闹枝社区、西城村、百草沟村、凤林村、吉祥村、卧龙村、新田村、安田村、棉田村、富岩村、平安村、仲兴村等34个行政村和一个社区。

百草沟镇自然资源丰富，现有耕地面积5000公顷，其中水田面积1500公顷；林地面积467公顷，森林覆盖率高达76.4%；镇内有五条较大的河流通过，河网面积910公顷；矿产等其他资源均有较高的开发价值。

百草沟镇素有“民族之乡”“鱼米之乡”“象帽舞之乡”的称号。2001年成立了“中国朝鲜族美味风俗食品一条街”，狗肉、豆腐、小河鱼、朝鲜族酱汤、冷面、打糕等各类朝鲜族食品让人回味无穷；风景优美的满天星国家级森林公园也坐落在百草沟镇境内。百草沟镇现已成为集餐饮、娱乐、民俗观光为一体的旅游区。

原果园村

YUAN GUO YUAN CUN

门　　票：0元。

交通情况：长白县长途客运站每天有发往马鹿沟镇的汽车，15分钟发一班。

长白县马鹿沟镇原果园村拥有长白朝鲜族民俗村，民俗村在县城以东3.5公里。长白朝鲜族民俗村地处长白山南麓、鸭绿江源头，与朝鲜两江道惠山市隔江相望，是沿江旅游公路通往长白山天池的必经之地。

长白朝鲜族民俗村其建筑主体充分体现了朝鲜族的传统习俗和风格，使朝鲜族文化、长白山文化、鸭绿江文化与乡村环境、田园风光和城镇生活有机结合；在产业发展上，长白朝鲜族民俗村以旅游开发为主、生态特色农业为辅。长白朝鲜族民俗村建筑工程包括民居工程、农村社会福利中心、民俗陈列馆、高丽馆等；园艺工程包括牌楼、景壁、奇石园、水系、广场、文化墙、雕塑小品等。长白朝鲜族民俗村共设六个分区，即：民俗展览区、康体娱乐区、人文景观区、餐饮购物区、民居服务区、绿色生态区，是集休闲、观展、娱乐、餐饮、购物和度假于一体的综合民俗旅游场所。

锦江村

JIN JIANG CUN

门　　票： 128元。

开放时间： 8:30-17:30。

交通情况： 长白山万达度假区打车约50元，路程15分钟。长白山机场打车约100元，路程30分钟。

锦江木屋位于吉林省抚松县漫江镇南侧2.5公里的丛林中，70多年来保存完好，已经被列入吉林省第七批国家重点保护文物单位申报名单。锦江木屋村落现今叫锦江村，原来叫“孤顶子”，以当地一孤立突出高山峰而得名，后因为此村靠近锦江改称锦江村。

根据抚松县史志记载，锦江木屋村建于1937年，是迄今为止发现的保护最好的木屋群落。经过历史考证，锦江木屋修建时，正值日本侵占东北，当时实行并屯管理，把几个村合并为一个大屯。屯并到一起，村民们就用木头建起一座座房子，形成了聚居的木屋村落。2006年，锦江木屋被抚松县列为县级传统民居文化遗产保护单位，2008年，被白山市人民政府列为第一批非物质文化遗产之一。有关部门也将结合长白山旅游经济发展状况，在保护的基础上对锦江木屋进行开发，让更多的人来了解长白山脚下的“国宝”。70多年来还能够保存完好，锦江木屋完全可与北京四合院、云南竹楼相媲美。

大梨树村

DA LI SHU CUN

门　　票：大梨树生态旅游区 70元。

交通情况：乘坐火车或客车的游客，在凤城车站下车后转乘通往大梨树的18路公交车，在大梨树村景区的青年点下车即可（约20分钟）。

辽宁省东部农村大多坐落在群山之中，交通不便，经济水平居于全省中下游，地处凤凰山脚下的凤城市大梨树村却“脱颖而出”，成为远近闻名的“亿元村”“小康村”。

大梨树村村民用自己的智慧和汗水开山修路，将村头昔日的万亩荒山改造成花果飘香的果园。村里办起碳素厂、镁砂厂等10多家企业，在凤城市还经营着自己的宾馆和大市场，村集体资产过亿元，农民人均收入是全省平均水平的两倍多。经过多年的山、水、田、林、路综合治理，大梨树村秀丽的风光吸引了不少来观光的城里人。大梨树景区由休闲农业体验区、民族村落观光区、旅游综合服务区三大功能区组成。民族村落观光区紧紧依托大梨树河两岸满族村落，建设成北方水乡，被国家民委命名为首批“中国少数民族特色村寨”。

药王谷谷深林密，山路曲折，风光旖旎，景观独特，可谓一步一景，一步一重天，流传着许多美丽的故事与传说……五福台坐福，十二生肖园寻宗，同寿堂问寿，百草园学药等，在游乐的同时增长见闻和知识。特别是阴阳泉水，一凉一热，口感截然不同。这里供奉着在中国历史上为中国医药学和养生之道的发展做出卓绝贡献的13位神医药圣。

休闲农业体验区紧紧依托大梨树人苦干30年修建起来的2.6万亩果园，几百万株桃、梨、杏、苹果、李子、板栗等果树，精心打造出闻名省内外的赏花摘果的花果山。

沙河子村

SHA HE ZI CUN

门　　票： 140元。

开放时间： 9:00-17:00（售票时间为9:00-12:00）。

交通情况： 交通不便。

下图坐落在红河漂流起点之处的小山村，就是清原满族自治市大苏河乡的沙河子村，四面环山的地理环境注定了这里交通不便、信息闭塞。该村位于红河峡谷漂流附近，是一个依山傍水、满族风情浓郁的村寨。全村30户160口人，均是满族人。居民习俗承袭了先祖的传统与特点，并加以丰富和变化，是国家级少数民俗村。这里的满族传统节日风俗古朴多彩且神秘浓郁，农家乐发展较快。

红河峡谷地处辽宁省东部山区长白山余脉，层峦叠嶂，沟谷纵横，奇峰兀立，崖壁排空，是国内少见的峡谷自然景观。浑河源头由东西两个源头之水汇集直入红河，形成红河源头景区，这就是红河大峡谷的起点。红河大峡谷全长25公里，两岸峰石兀立，崖壁高耸，河谷千回百转，时而陡窄，时而滩平，奇妙莫测，溪流时而悠漫舒缓，时而奔突激越。红河峡谷山高陡险，人迹罕至，峡谷衬托森林，森林笼罩峡谷，更加生动奇丽。春花夏绿秋红冬青，处处生情，四季成景。

王家堡村

WANG JIA PU CUN

门　　票：0元。

交通情况：交通不便。

王家堡村位于清原满族自治县南口前镇北部，耕地面积3090亩，有林面积8.6万亩，森林覆盖率达90%以上。辖区内金、铜、铁等矿产资源丰富；亚洲第一大天然石佛端坐其中，旅游业是该村崛起的朝阳产业。

多年来，王家堡村依托本村的资源优势发展特色产业，通过合作社的运作模式，使全村成为食用菌生产专业村；开发建设中的金山石佛生态旅游风景区，使旅游产业收入成为农村增收的一个新亮点；创建全国最大的东方百合原种种球繁育基地，并发展成为集观光农业、高效农业、设施农业、特色农业为一体的综合示范园区。

王家堡村的金山石佛景区，以洞幽、石异、松奇、佛灵为特色，辅以青山绿水，是休闲好去处。金山石佛是迄今为止发现的世界上最大的天然石佛，石佛座下是一条天然的金矿矿脉，因此而得名。这块未经任何人工雕琢的石头，与端坐的释迦牟尼像极为相似，自古以来引得当地百姓争相朝拜。景区内还有清原红河峡谷，可以漂流游玩。

四家子村

SI JIA ZI CUN

门　　票：0元。

交通情况：可驾车前往。

四家子村坐落于辽宁省盘锦市大洼县美丽富饶的二界沟镇南端，该村交通四通八达，地理位置优越，自然环境优美，村委会从本村实际情况出发，积极引导村民寻求新的致富手段。在探索过程中，果树栽培逐渐成为广大村民新的致富增长点。而棚桃作为一种休眠短、结果早、效益高的作物，在果树栽培中优势更加显著。四家子棚桃示范区位于交通便利的305国道旁，经过几年的发展，现已初具规模。示范区占地面积20000平方米，每年每栋棚桃收入约1.6万元。每年五月份，就是棚桃丰收的季节，桃商纷纷接踵而来。一排排的摘桃车队，形成了一道亮丽的风景线。看着果农脸上灿烂的笑容，就知道又是一个丰收年。

如今四家子村道路整洁笔直，两侧绿树成荫，农舍纷纷开放迎接游客。而村郊还保留北方农田景象，金黄色的玉米地与蔚蓝色的天空相接，是城市人群的休闲好去处。

谢家崴子村

XIE JIA WAI ZI CUN

门　　票： 大石湖风景区30元。

开放时间： 7:00-18:00。

交通情况： 自驾线路：沈阳—本溪—小市—田师傅—南甸—碱厂（加油站右转）—兰河峪—新城子—大石湖。

辽宁本溪满族自治县谢家崴子村位于大石湖附近。大石湖距本溪满族自治县城区50公里，是太子河的发源地。大石湖在鹰嘴山下，未见石湖先闻声，距五里之遥耳闻隆隆之音，如钱塘江大潮一般，这就是大石湖传来的瀑布声。

鹰嘴山山势陡峭，林树茂密。人迹罕至，鸟兽繁多，禽类有黄莺、百灵、杜鹃和珍贵的鸳鸯等；野兽有野猪、黑熊、獐、猞猁等。这里不仅是奇花异草的植物园，也是野生鸟兽的乐园。

停车山外，行约半里，涛声隆隆，震耳欲聋，对话不闻。踏着湍急的流水，踏过一段乱石滩，才看到一股宽大的水流沿着面壁斜着飞泻下来。不知是水带风还是风带水，水雾迷漫，纷纷扬扬，被阳光一照，飘出段彩虹，看得人们心神欲醉。

登岸溯源是大石湖水源，可见是从香水岭的小凹里淌下来的一条小溪。溪水流到山下转弯处，突然被河床截断，一下子跌落四五米深，就成了第一条瀑布。下面为一个不到20平方米的水潭。接着落入第三个潭里，就这样依次跌落，构成了五条飞龙连接五个深潭，汹涌澎湃，声震山谷，蔚为壮观。

入冬则变成五条晶莹剔透的冰龙，穿成五朵银盘，由上而下，僵凝在山腰间，静候着春暖花开之期，那时又复生而成活龙了。这五条龙形成的深潭以第二条为最深，据说用几筐绳子结在一起也没有探到潭底。

赫图阿拉村

HE TU A LA CUN

门　　票：60元。

开放时间：旺季（4-10月）：8:00-17:00；
淡季（11-3月）：8:30-16:00。

交通情况：从沈阳或抚顺乘坐大客直达新宾永陵镇下车，坐小客约五公里即到。

永陵镇赫图阿拉村地处长白山系边缘，龙岗山南脉地带，村庄环抱国家4A级景区赫图阿拉城，旅游资源丰富。全村林地面积1866.7公顷，森林覆盖率73%。清澈的苏子河水自东向西穿流而过，辗转流入浑河，汇入大伙房水库，为沈抚人民提供了优质的饮用水源。这里空气清爽、气候宜人、绿树成荫、山青水美，真正实现了人与自然和谐共生的美丽新农村。

赫图阿拉村位于满族发祥地——永陵镇，有着深厚的满族历史文化底蕴，环抱国家级文物保护单位、国家4A级景区——赫图阿拉城，赫图阿拉城不仅因清太祖努尔哈赤出生于此享誉神州，更因这里曾是满族第一国都

而蜚声海内外。作为后金开国的第一都城，也是中国历史上最后一座山城式都城，更是迄今保存最完善的女真族山城，是后金政治、经济、军事、文化、外交的中心，被视为清王朝发祥之地、满族兴起的摇篮，在研究清前史、艺术、社会、文化、经济等方面具有无可替代的价值。

我国现有满族982万人，而在辽宁省就有480万人，是满族聚居最多的地方，全省有新宾等6个满族自治县。位于新宾永陵镇的赫图阿拉城，是清朝的发祥地，也是满族的故乡。新宾县将赫图阿拉老城区内138户人家迁到城外新房居住，使老城内古迹复原建设工作得以顺利展开。近年来，满族传统文化日益受到重视，民族风俗在许多地方复兴。每年9月，赫图阿拉城都要举行一年一度的“九九满族民间民俗风情节”。文化旅游产业的发展，使满族故乡旅游开发进入一个新阶段。

歇马村

XIE MA CUN

门　　票：0元。

交通情况：交通不便。

歇马村位于庄河市太平岭满族乡政府东侧，距庄河市20公里、乡政府6公里，南邻徐岭镇、东邻大营镇，有蚕场4900亩、果园3690亩、林地3691亩。“歇马杏”发展和农业设施建设是全村的主要经济来源。

歇马村以“歇马杏”而著称辽南。现已发展“歇马杏”4000多亩、20余万株，是辽南地区规模最大的“歇马杏”专业村，2011年，“歇马杏”被农业部列为“一村一品示范村”。“歇马杏”含有丰富的防衰、抗癌微量元素和极高的益神、健脑成分，具有品质优、耐储藏、易加工等特点。在国内杏品种中首屈一指，被专家誉为杏中珍品。

太阳沟

TAI YANG GOU

门　　票：0元。

交通情况：乘坐旅顺口11路、旅顺口21路、旅顺口4路等都可途经太阳沟。

太阳沟位于辽宁省大连市旅顺口区春城路。景区充满诗情画意，马路宽阔，路两侧花草树木覆盖，有很多据说是北方没有的植物，在博物馆周围有一些百年龙柏，造型独特。太阳沟是旅顺的近代历史汇聚地。各式欧式、日式建筑汇聚与此，各个建筑背后都有历史故事：胜利塔、友谊塔、博物馆、肃亲王府、大和旅馆、关东军司令部旧址……太阳沟环境优雅，清朝时俄国第一任军政长官、陆军少将苏鲍季奇建设了欧式的新市街。和许多欧洲人惯用的城市设计一样，新市街的建设也是以广场为中心开始的。在此后的两三年里，围绕着广场，陆续矗立起了财政部、军政部、俄军司令部、邮政电信局、地方法院、俄清银行、将校军官会馆等一系列公共建筑。

这里还有旅顺“醉”美的四条落叶大道，包括银杏、枫树、椿树等，待气温稍降时机成熟，这里的落叶将呈现出五彩斑斓的胜景，在周边欧式、日式老房子的映衬下，洋溢着旅顺太阳沟特有的典雅与浪漫。溥仪、肃亲王、罗振玉……指不定你身边不起眼的一座老建筑，就曾留下过某位历史人物的足迹。

龙湖村

LONG HU CUN

门　　票：0元。

交通情况：交通便捷。

龙湖村原名王家村，位于旅顺口区龙头街道，以旅游业、珍稀苗业、中医药产业为主要发展方向。目前，该村已建成龙溪生态公园、七彩花田、红豆杉基地、新疆杏采摘园等，此外，龙湖公园、药王谷森林公园、薰衣草庄园、民俗村、酵素生产基地、龙湖智慧养生城等项目也正在筹建中。

龙湖村因龙湖而得名。澄澈的龙湖，上接蜿蜒的龙溪河，灵泉叮咚，涧流潺潺；下连浩瀚的黄海，潮起潮落，渔舟唱晚。河湖交界处是一片芦苇与香蒲杂生的半人工湿地，或蛙鸣鼓噪，或候鸟嬉戏。沿湖的公路旁被宽窄不等的绿化林带所掩映，随着季节的变换，有桃红柳绿的绚烂，有白桦亭亭的静谧。湖的南岸是苍翠的大孤山，曲径通幽，生机勃勃。湖的北岸就是龙湖村的居民小区，一个朝气蓬勃的生活乐园。其湖光山色总是令人陶醉其中。

西井峪村

XI JING YU CUN

门　　票： 0元。

交通情况： 西井峪村靠近高速，自驾游可达。

西井峪村位于蓟县城北大约三公里的群山环抱之中，是天津目前唯一的中国历史文化名村。清代成村，因四面环山似在井中，冠以方位而得名，自然环境优美、景色宜人，空气清新，具有鲜明古朴的历史文化气息。

整个村落依山而建，到处是页岩垒砌的房屋、院墙，村内多是四合院，整个村庄多是石头，但又不完全是石头。远看像城堡，近看似迷宫，行走在街巷之中，满眼的碎石路。走在村中仿佛穿行于石头森林，此村因此被人们称为“石头村”。多彩的画面、古朴的民风民俗，使这里成了著名的摄影基地和旅游胜地。

赤霞峪

CHI XIA YU

门　　票：0元。

交通情况：适合自驾游。

赤霞峪是下营镇的一个村子，坐落在蓟县东北部山区，南距马营公路六里。黑水河东侧，北邻梨木台，村北有国有林场黑水河林区。北靠八仙山，东近黄花山。村落海拔214米。村东有赤霞峪水库，面积约一平方公里。全村有231户，村民752人，村庄呈扇形，相传在秦代时曾建有三个兵营驻军卫护长城，其中一营居东，称东寨，即本村。清道光年间，村名叫赤光峪，民国改为现在名称。因村西北榆木顶山赤色碳石被阳光照射，灿烂若云霞，故名。村有耕地311亩，产小麦、玉米、豆类等，另有果园346亩，产柿子、安梨、板栗等。山场林地有数千亩，各种树木达50万棵。

春暖花开之时，赤霞峪的梨花竞相开放，在水光山色的映衬下，洁白如雪，吸引众多游客赏景拍照。

大神堂村

DA SHEN TANG CUN

门　　票：0元。

交通情况：沿京津高速上滨保高速，至汉沽站出口下高速，向东沿滨唐线一汉南线指示即可到达。

位于滨海新区汉沽的大神堂村，见证了天津的第一缕阳光，也成了这个城市最后的渔村。800多名渔民、70余艘渔船。一早出海打鱼，傍晚回港卖海货，大多数渔民依然保持着传统的生活方式，周而复始。

大神堂原本叫作陆家庄，明朝洪武帝期间改名神堂庄，北面又建了个小村庄，因此神堂庄叫作大神堂，小村庄叫作小神堂。

作为天津最好的避风渔港，如今的大神堂依旧保留着传统渔业的诸多风俗。渔港大门的石头门柱上，刻着“神港”两个字和一幅太极图。而村里最盛大的节日除了春节就是开海了。这一天，四里八乡的渔民来到“神港”。主祭人宣读祭文，渔家汉子三次下跪，将一杯杯祭酒撒向大海。5名渔童将5大篮装有花生、核桃、荔枝、大枣、桂圆的五色果品撒向大海，感谢大海的恩泽。强壮的汉子舞起飞镲和龙狮，姑娘们跳起渔家舞。祭海仪式后，鞭炮齐鸣、锣鼓喧天，渔船满怀希望扬帆出海。

来到这里，可以观海上日出、出海做一天渔民、趣味垂钓、观光野鸭谷、赶海拾贝、吃海鲜。

老牛湾村

LAO NIU WAN CUN

门　　票：0元。

交通情况：适合自驾游。

老牛湾村是内蒙古清水河县西南角一个偏僻的小山村，这个只有几十户人家的村庄位于黄土高原北部，紧邻黄河，与山西省偏关县隔河相望。

近年来，老牛湾险峻而秀美的自然风光和独特的高原文化吸引了众多的探险者和摄影爱好者前来探险、旅游，“黄河老牛湾旅游”逐渐火了起来，给古老的老牛湾村带来了新的生机。如今村民们大多开始从事旅游住宿、餐饮服务等，让广大游客体验他们古朴的生活方式，同时增收致富。冬日里，往年都会“猫冬”的山乡人也忙碌了起来，为下一个旅游季节做准备。

腊铺村

LA PU CUN

门　　票：0元。

交通情况：临近公路，自驾游可到达。

腊铺村坐落于内蒙古呼和浩特市土默特左旗毕克齐镇，由300年前大批山西移民走西口发展而来，曾经商贾云集、骡马啸啸、人来人往、穿斗式木结构民居比比皆是。在腊铺村一座有两百年历史的老房子的屋檐下，悬挂着被村民奉为信仰的脑阁王帽。脑阁是流传于内蒙古的一种独特民间艺术，集戏剧、杂技、美术、舞蹈、音乐为一体。脑阁传入腊铺村后，成为村子里的信仰，并延续下来，被列为国家非物质文化遗产。

时至今日，村内的古建筑与新建民居穿插错落，展示着古朴与现代的交融。来到腊铺村，可以感受走西口昔日的辉煌，从这座历史名村中体味乡愁。

室韦俄罗斯民族乡

SHI WEI E LUO SI MIN ZU XIANG

门　　票：0元。

交通情况：推荐自驾或者包车前往，如果乘坐公共交通，可以先从海拉尔坐大巴到拉布大林（额尔古纳），然后从拉布大林到恩和，全程大约五小时。

内蒙古额尔古纳市室韦俄罗斯民族乡位于中俄边界的额尔古纳河边，隔河与俄罗斯的奥洛契村相望，是我国唯一的俄罗斯民族乡，也是我国俄罗斯族和华俄后裔的主要聚居地之一。如今这里广袤的草原、大片的森林、美丽的额尔古纳河和独特的俄罗斯民族风情，吸引着众多游客前来旅游观光。

呼伦贝尔蒙兀室韦苏木是内蒙古额尔古纳草原度假的理想选择。蓝天、绿草、白桦林、神秘的玛瑙草原，时缓时急的河水养育着亚洲最美的湿地，也养育着这里勤劳的人民。肥沃的河滩上走出了伟大的蒙古民族，

温暖的木刻楞房子现在是华俄后裔的繁衍之地。黄皮肤男人的智慧和蓝眼睛女人的热情造就了室韦多民族和谐共存的范例。

巴丹吉林嘎查

BA DAN JI LIN GA CHA

门　　票：巴丹吉林沙漠景区门票220元。

开放时间：8:30-18:00。

交通情况：1. 先到达甘肃省的兰州、金昌等地，或者到达内蒙古的阿拉善左旗，再换乘长途班车到达巴丹吉林镇、雅布赖镇（图方便的也可以包车，价格简单计算，每公里1.5—2元），然后从镇上出发，开始进入沙漠游玩。

2. 游玩巴丹吉林沙漠，只能是包车或者找当地的旅行社，包车大多是在巴丹吉林镇或者雅布赖镇找包车师傅。当地也有专业的旅行社，有越野车队，可以带游客进入沙漠腹地。

面积44000平方公里的巴丹吉林沙漠静静地横卧在中国内蒙古高原西部，如果说新疆维吾尔自治区境内的塔克拉玛干沙漠以面积大而令人敬畏的话，那么巴丹吉林沙漠则以高度使人惊叹：一是它的海拔高度在800米以上，它有“高原上的沙漠”的味道，另外它的沙峰往往平地崛起200至400多米，最高的沙峰有500米高，人们在沙山之下仰视会目眩头晕，即使是生长在当地的骆驼，行进在沙漠中也步履艰难。

在这片广袤的沙漠深处，有一个名叫巴丹吉林嘎查的小村子。村子面积有4000多平方公里，仅有27户106位村民散落在40多个“海子”边，每个“海子”之间的距离约30公里之遥。村民们用日积月累压成的羊粪饼垒起来的围墙，既可以挡风沙，又是燃料的“储备库”。

鹰窝沟村

YING WO GOU CUN

门　　票： 0元。

交通情况： 乘车先到赤峰或辽宁朝阳，当地有专业的旅行社，可以带游客进入这个小山村。

有着百余户人家的鹰窝沟小村庄，坐落在秀美又传奇的大青山脚下。位于敖汉旗的最南端四家子镇南大城村，归内蒙古赤峰市管辖。东边和辽宁的朝阳以大青山为界，南面与辽宁的建平隔河相望，可谓是一个三县交界的地方。

每年五月伊始，这个名不见经传的小村子会迎来一拨又一拨来自各地的旅游客人。之所以有众多的游人前来，是因为这个村子所在的青山景色壮美、奇特，苦丁香花、冻青花漫山遍野，远近闻名，极具可观之处。沿着崎岖的山路，徒步攀爬。顺着青草蓝阳坡及房身溜的盘山小路，一边爬山，一边观赏山洼中、柴草间盛开的鲜花。只见那满山遍洼的苦丁香花，这儿一攒，那儿一簇；这儿一山，那儿一洼的；有的如繁星点缀长空，有的如片片扁舟搏击大海；有红的，有紫的，有白的，有粉的；五颜六色，争奇斗艳。站在山的顶峰举目四望，但见周围山峦怪石嶙峋，奇峰罗列，形态各异。有的状如卧虎，有的形似老人，有的恰雄鹰展翅，有的像金鸡报晓，游客看了无不拍手叫绝。那点缀在崖间一丛丛鲜红的冻青花，也给这险怪的山崖平添了万千秀色。

苏鲁克村

SU LU KE CUN

门　　票：0元。

交通情况：交通不便。

苏鲁克村是新疆克孜勒苏柯尔克孜自治州阿克陶县皮拉勒乡辖下的一个农村，毗连萨依村、阔纳吾斯塘村、喀拉古勒萨依村和林场村。气候温和，风景秀丽，依山傍水。主要农产品有香菜、芜菁、脆甜、洋葱、平菇、青豆、香菇、菠萝。苏鲁克村原本是一个贫困村，村中晚上没有路灯。经过自治区工作组的帮扶工作，村子的面貌大为改善：家家户户庭院中种上了蔬菜水果、房前房后干净整洁，村庄旧貌展新颜。工作组还利用苏鲁克的旅游优势，建设了鱼塘、毡房，发展农家乐和手工艺合作组，既保护了村庄的生态环境，又给村民增加了收入。

喀纳斯村

KA NA SI CUN

门　　票：旺季（5月1日-10月15日）185元，

淡季（10月16日-次年4月30日）90元，区间车80元。

开放时间：周一至周日8:30-19:30。

交通情况：布尔津县汽车站有发往达贡登峪的班车，每天一班，10:00发车，耗时约2.5小时，全程约140公里。到达贾登峪后，再转乘景区内的区间车到达湖区。

喀纳斯村位于新疆阿尔泰山中段的喀纳斯风景区，地处中国与哈萨克斯坦、俄罗斯、蒙古国接壤地带。景区面积10030平方公里。喀纳斯景区内共有大小景点55处，分属33种基本类型，主要包括哈纳斯国家级自然保护区、喀纳斯国家地质公园、白哈巴国家森林公园、贾登峪国家森林公园、喀纳斯河谷、禾木河谷、那仁草原、禾木草原及禾木村、白哈巴村、喀纳斯村等国内外享有盛名的八大自然景观区和三大人文景观区。

喀纳斯国家级风景区的核心精华系冰川强烈刨蚀，冰石表物阴塞山谷，形成终表垄而成湖泊。湖面海拔1375米。湖形如弯月，长24.5公里，平均宽1.9公里，平均水深90米，最深处达188.4米，面积6.9万亩，蓄水量40亿立方米，为中国深水湖之一。

白哈巴村

BAI HA BA CUN

门　　票：50元。

开放时间：早8:30-19:30。

交通情况：哈巴河客运站每天17:00有一班班车前来，票价约50元。

白哈巴村（白哈巴景区）被称为西北第一村和西北第一哨，位于新疆阿勒泰地区哈巴河县铁热克提乡境内，位于中国与哈萨克斯坦接壤的边境线上，距哈萨克斯坦东锡勒克仅1.5公里，有国防公路相通。白哈巴村被誉为中国最美的八个小镇之一，图瓦人独特的民族服饰、宗教崇拜及风俗习惯也受到更多人的青睐，去旅行需要办理边境证，购买景区门票以及古村维护费。

白哈巴是个原始自然生态与古老传统文化共融的村落，一切都保存着几百年来固有的原始风貌，以图瓦人为主，位于阿尔泰山山脉的山谷平地上，与哈萨克斯坦的大山遥遥相望。阿尔泰山上密密麻麻的金黄的松树林一直延伸到白哈巴村里，村民住的木屋和圈养牲畜的栅栏错落有致地散布在松林和桦林之中，安宁、祥和。

禾木村

HE MU CUN

门　　票：60元。

交通情况：乘坐区间车前往，每天7:00、10:00在贾登峪发车。

禾木村是新疆布尔津县禾木哈纳斯蒙古民族乡的一个小山村，也是乡政府驻地。禾木村位于阿勒泰山脉中麓，准噶尔盆地北缘。在群山环抱的开阔地上，散落着图瓦人的尖顶小木屋和牲口围栏。一条小河在绿树的掩映中从村旁哗哗流过。这里的房子全是原木搭成的，充满了原始而古朴的味道。村子周边生长有丰茂的白桦树林，时逢秋日，色彩斑斓。一些摄影爱好者在这里拍出屡获大奖的摄影作品，故而禾木村也被称为“摄影家天堂”。

每到冬季，新疆布尔津县境内的喀纳斯景区就变成了银装素裹的世界，而景区内的禾木喀纳斯乡禾木村更是如梦似幻，厚厚的雪层无边无垠，和蓝天白云相映衬，构成童话般的冰雪梦境。

麻扎村

MA ZHA CUN

门　　票：30元。

交通情况：从鄯善到吐峪沟约70公里，有班车往返。12:00、13:00、14:00从鄯善县客运车站发车。

麻扎村位于吐峪沟大峡谷南沟谷，是吐鲁番地区最古老的维吾尔族村落。村子掩映在白杨和桑树之中，一条不宽的河从北向南穿村而过，沿河两边，建着零散的维吾尔族民居。村子里住着几十户维吾尔族人家。宏大的清真寺与杂乱的居室并立于沟谷，完整地保留了古老的维吾尔族传统和民俗风情。

吐峪沟麻扎村是“中国历史文化名村”，具有1700多年历史，是新疆现存最古老的维吾尔族村落。作为世界多种宗教历史文化的交会地，吐峪沟景区主要由峡谷风光、吐峪沟石窟、麻扎墓、麻扎古村落四部分组成。已被命名为“中国历史文化名村”的吐峪沟麻扎村，具有1700多年历史，是新疆现存最古老的维吾尔族村落，至今保存着维吾尔族古老的民俗风情，有“民俗活化石”之称。

塔桥村

TA QIAO CUN

门　　票：0元。

交通情况：兴庆区内乘坐29路，到友爱街六盘山路口站下车步行前往。

宁夏回族自治区银川市兴庆区大新镇塔桥村是临武县一个自然村，毗连寨头水村、坪天头村，地处要塞，物产丰富，空气清新，气候温和。主要农产品有油桃、玉米、木瓜、白花菜、西洋菜、水果、番茄、洋蓟、芦笋。

在银川市大新镇塔桥村设施蔬菜园区内，日光温棚内翠绿的芹菜、鲜红的西红柿与室外冬日里万木枯萎的景象形成了强烈反差，忙碌的“冬收”景象随处可见。2006年以来，宁夏引黄灌区加大政策和资金扶持力度，积极帮助农民群众发展以日光温棚为主的设施农业，在科学种植、农技培训、小额贷款、销售网络等方面建立起长效机制，及时解决农民生产中的问题和困难，极大地调动了农民发展冬季设施农业的积极性。截至目前，灌区又新建日光温室8.7万亩，总计达到34.8万亩，发展现代设施农业已经成为当地农民增收致富的有效途径。

原隆村

YUAN LONG CUN

门　　票：0元。

交通情况：宁夏艺术学校站乘坐309路到黄羊滩站下车步行前往。

原隆村是宁夏银川市永宁县闽宁镇下辖村，是永宁县最大的生态移民村，安置了来自固原市的14个村组10515人。原隆村与园艺村、武河村、木兰村、玉海村同乡，人勤物丰，人好，地处要塞，依山傍水，主要农产品有梨子、柚子、杏子。

2016年7月19日，在宁夏考察的习近平总书记前往永宁县闽宁镇原隆移民村，先后走访了村里的农业科技大棚、党群服务中心、卫生站。在原隆村，习近平总书记实地察看了闽宁合作开展移民搬迁安置和脱贫产业发展情况，深情回忆了20年前在福建工作时直接推动闽宁合作的情景。

经过几年的发展，现在的原隆村呈现在人们眼前的是一个村容整洁、环境优美、乡风文明的美丽新农村，全村农民人均纯收入正以每年1000元的速度增长，村民们正在为全村描绘着一幅富裕、美丽、和谐的移民新村蓝图。

纳家户村

NA JIA HU CUN

门　　票：0元。

交通情况：乘坐312路或402路至宁朔街利民路口。

纳家户村是回族群众聚居区，辖11个生产队，现有农户1238户，人口4400人，其中回族占98%。村内建有区内外享有盛名的纳家户清真大寺和中华回乡文化园，年接纳游客16000人以上，是宣传、推介永宁县的重要窗口。养殖大户、特色种植等特色产业已初具规模，纳家户村已成为大银川地区清真牛羊肉主要的集散地。

纳家户清真大寺是一座传统的中古式建筑寺院。位于宁夏永宁县杨和乡纳家户村。寺院呈长方形，以门楼、礼拜大殿、厢房、沐浴堂组成院落，形成典型的中国古代四合院建造布局。门楼为过洞式，上面壁部是一组仿古结构的挑檐，横向的栏额、斗拱，纵向的荷花柱和反映伊斯兰风格的精美砖雕，增加了壁面的光泽。上部正中为三层歇山顶邦克楼，楼两侧陪立着阿拉伯式的二层四角圆尖顶的望月楼。整个布局严谨、规整，显示了大寺的雄壮气势。

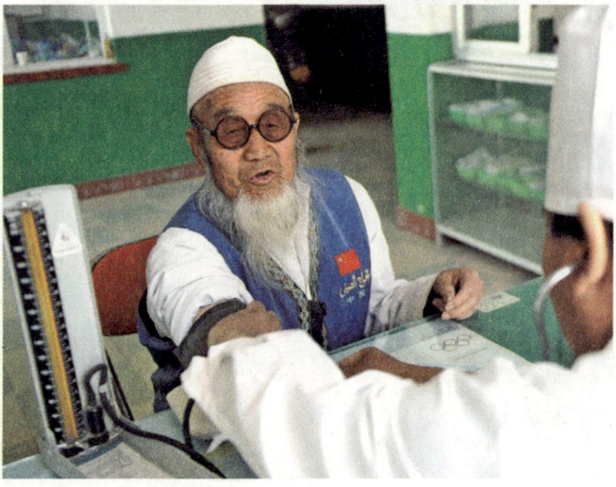

穆民新村

MU MIN XIN CUN

门　　票：0元。

交通情况：建议自驾前往。

穆民新村位于吴忠市利通区东塔寺乡境内，隶属于利通区东塔寺乡石佛寺村第八村民小组，有居民68户，320人，均系回族。自1989年始，先后建成了两座清真寺、一座教学规模达200余名学生的女子经文学校、一处2800平方米的民俗小游园、1200平方米的回族民俗博物馆、350米的回族特色民居长廊、占地33亩的停车场、改造家访接待户48户、一座91平方米的星级公厕等。

多年来，该村先后多次接待各级领导、国际友人、中外媒体前来参观访问。在国内外享有较高知名度和影响力。2007年被授予国家级非物质文化遗产代表作名录传承保护点，2013年11月被自治区文化厅命名为全区第一批5个自治区级特色文化产业村镇之一。2015年9月20日，住特色房城乡建设部、国家旅游局公布中国第三批共计337个全国特色景观旅游名镇名村示范名单，吴忠市利通区穆民新村名列其中，成为宁夏首个全国特色景观旅游名镇名村。

冶家村

YE JIA CUN

门　　票：0元。

交通情况：建议自驾前往。

六盘山下，泾河源头，有一个宁静的小山村躺在浓绿之中，它的名字叫冶家村。虽属于宁夏，全村300多户人却是陕西口音。他们祖上清末从陕西逃难避居山下。冶家村所在的六盘山区，被列为全国14个集中连片贫困地区之一。六盘山下虽林草丰茂，却没有多少耕地。冶家村人为了活命，从定居开始就过着毁林垦田、伐木盖房、满山放牧的生活。毁林开荒种植粮食，产量却不行。

改革开放后，百业兴旺。冶家村人走出山村，才发现外面的世界很精彩。10多年后，那些曾经信守“大门不出”的妇女，也走出家门，掀起一股妇女就近务工潮。特别是2006年泾源县苗木产业蓬勃发展以来，一到种苗、锄草季节，妇女们便背上干粮，早出晚归打工。饱受大自然报复之苦的冶家村人决心改变靠山吃山的“吃法”。2006年，这些受灾户借着政府新盖的安置房，凭借紧邻风景旖旎的六盘山国家森林公园的优势，办起了农家乐。如今的冶家村美丽富饶，村民生活幸福。

红崖村

HONG YA CUN

门　　票：0元。

交通情况：乘坐16路在汉唐陶艺站下车。

平安县红崖村位于青海省海东地区平安县石灰窑乡西南6公里处，属脑山地区，是十四世达赖喇嘛的出生地。十四世达赖喇嘛出生的院落，几经翻修，现有三排灰暗平房、一座红色二层小木楼、一座黄墙金顶的经堂。

院落门外，正对着海拔4000多米的宗喀吉日雪山。传闻说，十三世达赖喇嘛当时便说："我的下世就会出生在这个地方。"十三世达赖喇嘛之所以在这里落脚，是因为达赖喇嘛传统上与本地夏宗寺寺主当采活佛关系很好。当采活佛恰巧是达赖喇嘛转世灵童的大哥。站在十三世达赖歇脚的白塔看红崖村，一幅动态的雌雄双狮吼状拉动五层华盖图呈现眼前，真是活灵活现、美不胜收。这种"双狮吼佛"地理景观在整个青藏高原也极为难得。

龙王坝村

LONG WANG BA CUN

门　　票：0元。

交通情况：建议自驾前往。

位于宁夏六盘山脚下的西吉县龙王坝村曾经是一个贫困的小山村。2009年，集体林权制度改革推行后，村里成立合作社，推动林下种植，发展特色农产品。同时，受益于退耕还林和封山禁牧，环境恢复，山青水绿——这些让曾经的偏远山村变成吸引游客的休闲度假地。乡村旅游让村民感受到发展的成果：道路得到硬化，自来水通进了家。2014年，龙王坝村被农业部评为“中国最美休闲乡村”。

西吉县本身旅游资源丰富，有战国秦长城遗址、南北朝石窑群，另有扫竹岭、禅佛寺、石城等自然景观。北部土石山区的火石寨乡部分地区林木葱茏，景观如画，是夏日旅游的好去处。

洪水泉村

HONG SHUI QUAN CUN

门　　票：0元。

交通情况：交通不便。

洪水泉村位于青海省平安县洪水泉回族乡，村内坐落着一座著名的洪水泉清真寺。洪水泉清真寺始建于明代青海地区，也是全国现存最好的古代清真寺院之一，设计独特，寺内照壁百花图砖雕和大殿后窑殿顶部的天花藻井“天落伞”工艺堪称一绝，其木雕、砖雕是国内少见的精品。寺院建筑中出现了伊斯兰教、佛教、道教等建筑符号和元素，在中国伊斯兰寺院中实属罕见。

洪水泉清真寺总面积为6000多平方米，因地处深山，地形窄偏，故布局紧凑、设计独特。洪水泉清真寺结构复杂、工艺高超，采用中国传统的汉式建筑风格，与伊斯兰教早期传统建筑的异域式样有显著不同。洪水泉清真寺作为砖木结构建筑，以淡黄色木料，配淡青色砖雕，可谓层次分明、精工细刻。在建筑风格上，大量融合汉、回、藏等民族的建筑特点，具有国内清真寺中少有的独特风格，堪称瑰宝。

年都乎村

NIAN DU HU CUN

门　　票：0元。

交通情况：交通不便。

青海省黄南藏族自治州年都乎村是当地远近闻名的“堆绣村”，全村368多户居民大部分从事堆绣制作。制作一幅堆绣一般要花一到两个月时间，售价能达到几千甚至上万元人民币。近年来，年都乎村堆绣艺术品远销美国、日本、泰国、印度等国家，堆绣成为当地百姓创收致富的重要产业。

每年农历十一月二十日，青海黄南藏族自治州同仁县年都乎村的居民都会跳起一种名为“於菟”的古老舞蹈。“於菟”一词，在汉语典籍中解释为“虎”。据村里的老人们讲，年都乎村跳“於菟”主要是驱除躲藏在村民家中的妖魔和瘟疫，同时也在祈求来年的安宁和吉祥。

近年来，青海省黄南藏族自治州大力发展以“唐卡”“堆绣”“雕塑”为主的“热贡”文化产业，为当地农村富余劳动力提供工作机会，小小山村上千人成为“农村上班族”。

吉仓村

JI CANG CUN

门　　票：0元。

交通情况：交通不便。

青海省西宁市大通县新庄镇吉仓村，风景秀丽，村民好客，空气清新。主要农产品有通菜、杏子、酸莓、紫色包心菜、水稻、乌饭果、洋蓟、洋芋、番茄。

吉仓村所在的大通县是回族、土族自治区，历史悠久。全县是青海省森林覆盖率最高的县，并且是西宁市的水源地。交通虽然不便，却是“慢游胜地”，有老爷山、察汗河、鹞子沟、娘娘山等国家级风景区。

草河坝村

CAO HE BA CUN

门　　票：0元。

交通情况：交通不便。

陇南市文县草河坝位于白水江之南的白马峪河流域中段河谷地带，白马河从村中流过。据史书记载，西汉水、白龙江流域及涪水上游，是古氐原始分布所在。古代氐族在此部落众多，有十多个，以白马氐为最大。韩定山《阴平国考》说："阴平虽称古氐羌地，然考东汉以前，诸羌部落，似犹未至阴平，其在阴平者，白马氐而已。东汉以后，羌氐错杂，而以氐为主。"清光绪二年所修《文县志》中说："白马峪在县西南，五十里，古白马氐地。"根据传说，草河坝人原来住在白马峪河上游河谷，后来迁居草河坝，村子已有千年左右的历史。

千年的历史滋养出了草河坝丰富多彩的文化，白马人的一种传统祭祀活动中的民间舞蹈"池哥昼"，于2008年被列入国家级非物质文化遗产名录。近年来，文县建成了石门沟、草河坝、案板地、阳志山等富有民族特色的民俗新村，改善当地群众的生活条件，同时兴建"白马面具舞池哥昼传习所""非遗"民俗博物馆等场馆，邀请省内外专家学者深入白马人村寨，运用录音、录像、拍照等手段，采集白马人的语言、故事、服饰、舞蹈、歌曲等资料，记录白马人民俗风情，保护白马人民俗文化。

入贡山村

RU GONG SHAN CUN

门　　票：0元。

交通情况：交通不便。

甘肃省陇南市文县铁楼乡入贡山村地处铁楼乡，相邻草河坝村，风景秀丽，人杰地灵，山清水秀。主要农产品有油桃、马铃薯、李子、韭菜花、小青南瓜、黄瓜、菊苣、荔枝。

2014年以来，甘肃省文县利用危房改造和古村落保护契机，加大力度对当地具有独特建筑风格和考古价值的古村落进行整体保护。在尊重村民意愿前提下合理规划，以“最小干预”原则抢救性修缮了一批古民居，保持了村落原有风貌，通过挖掘民俗文化资源和传承非物质文化等方式带动旅游业发展，以多样化途径留住活态古村落。据了解，甘肃省文县目前已有哈南寨村、入贡山村、草河坝村、石门沟村四个村落被列入“中国传统村落名录”。

茨日那村

CI RI NA CUN

门　　票：0元。

交通情况：交通不便。

旺藏乡东邻洛大乡，西与尼傲乡毗邻，南连阿夏乡，北接桑坝乡。1985年由原麻牙公社更名而得，省道313线横穿乡境内。位于迭部县中部偏东，地处白龙江两岸，平均海拔1950米。面积495.23平方千米，农业人口1352户7406人（2008年末）。辖9个行政村。乡政府驻旺藏村。S313两（河口）郎（木寺）公路穿境而过。亚日卡园艺场、旺藏林场驻境内。景点有1935年红军长征途经旺藏，茨日那村留有毛主席住过的木楼，为县级文物保护单位。

旺藏乡不仅有丰富的水利资源和天然的草场资源，还具有得天独厚的红色旅游资源，红军长征途经旺藏时，毛泽东曾在距旺藏乡政府约2公里处的茨日那小木楼上居住过，在这里下达了三天之内必须夺取天险腊子口的命令。至今小木楼保存完整，每年有成千上万的国内外游客来这里旅游观光，缅怀先烈。距旺藏乡政府22公里处有当年开明杨土司为红军开仓放粮的崔古仓粮仓遗址，还有风景秀丽的骨麻湖。

桃园村

TAO YUAN CUN

门　　票：0元。

交通情况：交通不便。

马家塬遗址位于甘肃省天水市张家川回族自治区木河乡桃园村马家塬，分布有大面积属常山、齐家类型的文化遗存。

遗址内随处可见横篮纹泥质红陶片和夹砂红陶片，以及灰坑和房屋遗迹。在遗址的中心区，有较为密集的战国中晚期墓葬分布。所包含的文化信息丰富而独特，有很高的考古研究价值。其中保存完整、装饰精美的战国中晚期车乘的发现，在甘肃省尚属首次，乃至全国都较为罕见，为研究秦文化、古代北方民族史，以及这一时期车辆的制造技术、装饰工艺，金、银、铜、铁等金属品的提炼和运用程度等提供了重要证据，对于中国科技史的研究也具有重要意义。

马家塬遗址是“2006年中国十大考古新发现之一”。2007年1月被列入第6批甘肃省重点文物保护单位。2013年5月被国务院核定公布为第七批全国重点文物保护单位。

秦家湾村

QIN JIA WAN CUN

门　　票：0元。

交通情况：交通不便。

甘肃省敦煌市七里镇始建于1956年，1958年得名“七里镇”，为敦煌市第二大镇。位于敦煌市西面，全镇总面积56平方公里，辖10个行政村，总人口13946人。青海油田在敦煌、格尔木、花土沟建有三个基地，敦煌基地在敦煌市七里镇，是局本部和生活、教育、科研基地所在。青海油田位于柴达木盆地西北部，生活环境恶劣，交通不便，所以在50年代油田开发初期，石油部门便选择以邻近的敦煌为出发基地，这个位置在老石油基地玉门油田的管辖范围内。敦煌基地虽然在甘肃省，其实与青海油田仅一山之隔，有公路相通。秦家湾村隶属于该镇。

七里镇自然条件得天独厚，农区濒临鸣沙山一线，地势平坦，光热资源丰富，平均海拔1138米，全年日照时数为3246.7小时；全年平均气温9.4℃，并且昼夜温差大，适宜小麦、玉米等粮食作物和棉花、蔬菜、瓜果等经济作物生长。优质桃、葡萄等水果，色香味美，名满敦煌，现已打入外地市场。镇区紧靠青海石油局敦煌基地，西郊二、三产业带示范区建设已具规模。

月牙泉村

YUE YA QUAN CUN

门　　票：120元。

开放时间：5:00-20:30。

交通情况：在敦煌市区乘坐3路公交车，到终点站即可到达景区大门。

月牙泉村位于甘肃省敦煌市杨家桥乡，地处国家级风景旅游名胜区鸣沙山下，月牙泉畔，距敦煌市区5公里。全村3个村民小组，221户，887人，总耕地面积1887亩；该村因鸣沙山·月牙泉而得名。

月牙泉，古称沙井，俗名药泉，鸣沙山月牙泉风景名胜区，位于甘肃省河西走廊西端的敦煌市西南5公里处（坐标：北纬40°05′11.98″，东经94°40′09.99″），在城南7公里鸣沙山北麓。自汉朝起即为“敦煌八景”之一，得名“月泉晓澈”。月牙泉南北长近100米，东西宽约25米，泉水东深西浅，最深处约5米，弯曲如新月，因而得名，有“沙漠第一泉”之称。月牙泉泉形逼肖月牙，泉内生长有眼子草和轮藻植物，南岸有茂密的芦苇，四周被流沙环抱，虽遇强风而泉不为沙所掩盖。因“泉映月而无尘”“亘古沙不填泉，泉不枯竭”而成为奇观。相传泉内生长有铁背鱼、七星草，专医疑难杂症，食之可长生不老，故又有“药泉”之称。

十甲坪村

SHI JIA PING CUN

门　　票：0元。

交通情况：交通不便。

十甲坪村位于甘谷县磐安镇西北部，天定高速公路临村而过，辖2个自然村7个村民小组，435户2135人，耕地面积2420亩，水浇地1435亩，旱地985亩，人均耕地面积1.13亩，主导产业以设施蔬菜种植为主，2014年被确定为改善农村人居环境“千村美丽”省级示范村。

十甲坪村的自然条件并不优越，但全村坚持突出美丽乡村建设，整合资源，统筹推进，先后在村主干道沿线栽植绿化树1000多株，安装太阳能路灯96盏，硬化村庄道路3.5公里，沙化农路8公里，完成了新马渠衬砌工程2公里、北山绿化带300亩和文化墙修筑及粉刷工程。同时，广泛开展“人人动手，美化环境”主题宣传实践活动，组织发动广大群众和村环卫人员共同做好自家庭院、村间道路清扫清运，打造干净、整洁、文明的农村人居环境。

十甲坪先后建成了群众活动室、文化室、卫生室、老年爱心超市、互助老人幸福院、农村公共服务室等活动场所。同时，结合各类节庆日，组织排演健康向上、寓教于乐的群众性文化活动，极大地丰富了村民精神文化生活。

赵尧村

ZHAO YAO CUN

门　　票：0元。

交通情况：交通不便。

甘肃省陇南市西和县大桥乡归林皋镇管理，英才辈出，气候温和，山明水秀，主要农产品有绿苹果、栗子、高粱、球芽甘蓝、油桃、橙子。

赵尧村旁有一条大河，河水清澈，有鲤鱼、鲫鱼、白条鲇鱼等鱼种，是纯天然钓场。喜欢流水钓鱼的游人可以在河边驻足流连。

兴隆村

XING LONG CUN

门　　票：0元。

交通情况：从陕西咸阳机场附近乘8路公交车可到咸阳渭城区兴隆村。

兴隆村位于咸阳市东部，靠近渭河，距离窑店镇秦遗址不远。周围古遗址比较多，如周陵、汉陵，距离世界上最大的地下博物馆汉阳陵不到1小时的车程，村内也有一座汉某赵王墓，邻村白庙村内有刘邦墓，咸阳市政府建设的五陵原路穿村而过。本村交通较方便，距离咸阳市不到40分钟的车程，距西安不到1小时车程，到西安咸阳国际机场不过半小时车程。

兴隆村现在大棚蔬菜搞得红红火火，成为咸阳市“一村一品”工程典范，特别值得一提的是，或因为土壤的原因，大棚蔬菜所产的圣女果、西红柿、黄瓜等品质优良，口感相当好，得到菜商的赞誉，所卖价格高出周围村庄。

老县城村

LAO XIAN CHENG CUN

门　　票：0元。

交通情况：西安丰庆路水司汽车站乘坐开往周至县城的班车（快车22元，慢车17元），在周至乘坐开往厚畛子镇的班车（一天两次，分别为上午10:00，下午13:30）。

老县城村位于佛坪县境内，原为佛坪县县城，始建于清道光五年（公元1825年）。

境内保留有许多清代遗迹，诸如用卵石堆砌成的老县城城墙，大监佛庙、城隍庙和文庙等建筑基址以及清朝时遗留下来的赌场客栈等等，更有清代的石碑、石刻二百多件。

新中国成立前，因山上闹土匪，致使县太爷被土匪杀害，因此人心惶惶，大多数人都逃走了。县城也日渐凋零，后来另在山外新建了佛坪县城，此处则改县为村了。现在的老县城是周至县管辖的一个行政村。城里城外一共有三四十户人家，100多口人，而居住在城里的仅9户人家，四十几口人，曾号称“九户人家一座城”。纯朴的村民悠然地过着日出而作、日落而息的田园生活。星星点点的几户农家点缀在山清水秀的山谷中，冒出袅袅炊烟，一切显得那么祥和、宁静。

党家村

DANG JIA CUN

门票价格：40元。

开放时间：7:30-18:30。

交通情况：北京、西安有直达韩城市的火车，下车后可乘中巴车到党家村，每10分钟一班，车票3元，打的20元。

党家村位于陕西省韩城市东北方向，泌水河谷地之阳高岸上形似“葫芦”的风水宝地。始建于元至顺二年（公元1331年），距今已有近800年的历史。

党家村历史悠久，民风淳朴，因村中有120多座四合院和11座祠堂、25个哨楼，及庙宇、戏台、文星阁、看家楼、泌阳堡、节孝碑等古建筑，被国内外专家誉为“东方人类古代传统文明居住村寨的活化石”“世界民居之瑰宝”。党家村古建筑群作为山陕古民居的典型杰出代表，于2008年3月28日被国家文物局列入《中国世界文化遗产预备名单》。

党家村是一个古民居保存完好的村庄，尽管民居朝向方整，但街巷布局不拘形式，使得村庄空间含蓄不露，回环婉曲，气势豪放而内含波澜曲意。许多“丁”字形的路口产生顿宕之感，表达出婉约深情、自然有味。这里房屋密度较大，其空间显得绵邈不绝，气势则开阔雄放。每家自成院落，却又紧密相连，在拥有个人的私密性外，又不失彼此间的亲密往来，充分展现中华民族浓厚的街巷之情、闾里之谊。

周一村

ZHOU YI CUN

门　　票：0元。

交通情况：乘坐环山旅游1号线至楼观台站下车。

楼观镇周一村地处我国道教圣地，秦岭山脉大陵山脚下，位于陕西关中旅游环山107公路两侧。因新中国成立周至县第一个牛产合作社而被誉为“周至第一村”，简称“周一村”。

“周一村”盛产猕猴桃，为了不断适应高端水果市场要求，提高猕猴桃产业的附加值，加快“一村一品”发展，周一村计划在2~3年内，大力发展世界级猕猴桃新品种，全面应用有机标准化栽培管理技术，实施公司+基地+合作社+农户的合作方式大面积推广订单农业。不断提高产业化程度，延长产业链条，以107环山旅游路和老子文化起源地为依托，发展观光、旅游、示范生态农业，参与国际市场的竞争，真正把周一村建设成为“一村一品”示范村。

尔德井村

ER DE JING CUN

门　　票：0元。

交通情况：交通不便。

陕西靖边县尔德井村万丰泉居民组位于毛乌素沙漠南缘中心地带，昔日曾是黄沙遍野的穷乡僻壤。2003年陕西省水保局将这里作为治沙基地，同步进行生态经济型村镇建设，以科技为支撑，对规划区的农牧业品种进行彻底的更新换代，并实现了通路、通电、通水、通无线通信、通卫星电视，走出了一条生态环境建设和经济社会发展良性互动的新路，成为大漠深处“村在绿中，房在园中，人在景中”的花园式生态新村。

尔德井村万丰泉居民组积极退耕植树种草，使昔日的荒漠植被覆盖率达58%，村民人均收入也由2003年的不足900元上升到2006年的15000元。

富平陶艺村

FU PING TAO YI CUN

门　　票：90元。

开放时间：9:00-17:00。

交通情况：火车站往西坐39路公交车至城北客运站，再坐西安至富平班车至富平下。

富平陶艺村坐落在富平县城以北，依托于唐鼎州窑遗址，是由一个准三星级的宾馆和三个展览馆、几个陶艺作坊以及千亩果园构成的文化风俗体验式景区，由于附近有丰富的陶土资源，陶艺村历史文化悠久，早在盛唐之际便是闻名天下的圣瓷官窑。

富平陶艺村是联合国教科文组织下属的国际陶艺家学会在中国大陆的团体会员单位，也是国际陶艺学会杂志主编论坛会的永久会址。富乐国际陶艺博物馆群坐落于陕西富平陶艺村的千亩生态果林苑中，目前是国内首家以现代陶艺为主题的陶艺博物馆群，馆群占地100余亩（6.7万平方米），建筑面积2万平方米，投资1600多万元，共有七座建筑，由13个分馆和一座综合性的展馆及一座陶艺文献馆组成。目前已建成并开馆（展）的有主馆、法国馆、北欧馆、澳新馆、美国馆、加拿大馆、墨西哥展、意大利馆、德国馆、荷兰馆、比利时馆、英国馆、西班牙馆、南美馆、瑞士展、东欧馆、爱尔兰馆、东南亚馆、俄罗斯馆、印度馆及陶艺文献馆，共计19个馆和两个展览。目前已收藏来自56个国家和地区的579位陶艺家的近万件作品。

李家坡村

LI JIA PO CUN

门　　票：0元。

交通情况：从兴平市汽车站乘1路或5路公交车，到马嵬菜市场下车。

李家坡村位于兴平马嵬办事处，闻名的马嵬驿民俗文化就在这里。马嵬驿故址在今陕西省兴平市西北二十三里，距离长安（今西安）百余里，地处杨贵妃墓——黄山宫景区向东一公里处，依托黄山宫独特的历史资源顺势而建，将现代生活与历史文化完美结合，为马嵬构筑起一道美丽的风景线。相传马嵬本为东晋一武官名，因他在此筑城而命名为地名。

马嵬驿民俗文化村建在原址范围内，建设以“古驿站文化”为主，融合“农耕文化和民俗文化”，满足市民及旅游者食、住、行、游、购、娱的需求以及参与农事体验与民俗文化活动，是感受大自然情趣的一种新型旅游形式。这里的建筑古色古香，店铺林立，来到这里你会立刻被古文化的气息所感染，仿佛穿越到了一千多年前的唐朝。

北郭村

BEI GUO CUN

门　　票：80元。

交通情况：乘宝鸡到岐山县班车到岐山下，岐山县城有到周公庙的公交，10分钟一趟。

隶属于陕西省宝鸡市岐山县北郭乡的北郭村，地处陕西省岐山县城西北3公里处，北临国家3A级周公庙旅游景区和周室大墓遗址。岐山是中华民族的发祥地之一，是炎帝生息、周室肇基之地，是周文化的发祥地，是民族医学巨著《黄帝内经》、古代哲学宏著《周易》诞生之地。历史悠久，文化灿烂，享有“青铜器之乡”“甲骨文之乡”“中国千年古县”“民间艺术之乡”“陕菜之乡”和“转鼓之乡”的美誉，文化旅游资源丰富。北郭村立足资源优势，大力发展农家乐民俗旅游产业，“农家乐”臊子面接待民俗旅游产业已初具规模，到2006年底，全村农家乐民俗餐饮接待户达到118户，带动发展臊子肉、手工挂面、食醋、锅盔等加工户160多户，从业人员800多人，年可接待游客80万人次。先后被陕西省委、省政府评为“文明村”，被宝鸡市旅游局评为“民家乐旅游示范村”。

随便走进北郭民俗村一家农家乐，你都能感受到浓浓的农家气息。院子的墙上挂着各种农具，画着农村的婚丧嫁娶等习俗并还配着臊子面起源的介绍。再看看吃的，农家凉盘、正宗的面皮、细软的搅团、油酥锅盔、臊子肉夹馍等等，当然最不可少的就是那一碗酸辣香的臊子面，吃完满嘴留香，回味无穷。

黄土民俗村

HUANG TU MIN SU CUN

门　　票：旺季（3月-11月）122元，淡季（12月-次年2月）82元。
开放时间：8:00-18:00。
交通情况：可在西安火车站东广场乘坐游3路公交车直达乾陵。

在举世闻名的乾陵脚下，有一古老村落——乾陵黄土民俗村，是当年修造乾陵时能工巧匠居住遗址。现存窑洞民居和黄土“龙洞”，经外商投巨资修复利用，集中展示了炎黄子孙上下五千年一脉相承繁衍生息的民风民情和窑洞文化的渊源奥秘。游人可以在丰富多彩的民俗节目表演和参与中，切身感受到黄土地特有的粗犷热烈、淳朴憨实的民俗气息。是中国首座展示汉文明史和黄土民俗文化的大型涉外旅游景点。

乾陵位于陕西省咸阳市乾县县城北部6公里的梁山上，为唐高宗李治与武则天的合葬墓。乾陵建成于唐光宅元年（684年），神龙二年（706年）加盖，采用“因山为陵”的建造方式，陵区仿京师长安城建制。除主墓外，乾陵还有十七座小型陪葬墓，葬有其他皇室成员与功臣。乾陵是唐十八陵中主墓保存最完好的一座，也是唐陵中唯一一座没有被盗的陵墓。1961年3月4日，乾陵被国务院公布为第一批全国重点文物保护单位。

米堆村

MI DUI CUN

门　　票： 米堆冰川门票50元。

交通情况： 米堆冰川无公共交通到达，一般是从波密包车、自驾前往，或走川藏线时经过游玩。

米堆冰川位于西藏波密县玉普乡，主峰海拔6800米，雪线海拔为4600米，长约20公里。米堆冰川闻名遐迩，被评为中国最美六大冰川之一，冰川以发育美丽的拱弧构造闻名，是罕见的自然奇观。

冰川常年雪光闪耀、景色神奇迷人。冰川冰洁如玉，景色秀美，形态各异，姿色醉人。冰川下端是针阔叶混交林地，皑皑白雪终年不化，郁郁森林四季常青，头裹银帕，下着翠裙。在这里，冰川、湖泊、农田、村庄、森林等融汇在一起，是一处人与自然和谐相处的典范，是旅游的绝好去处。

莫洛村

MO LUO CUN

门　　票：0元。

交通情况：适合自驾游。

莫洛村位于西藏昌都地区贡觉县莫洛镇，紧挨文中村、根旦村、贡中村，毓秀钟灵，四季分明，广聚人气，历史悠久。

7月是莫洛村油菜花竞相开放的时节，金色的菜田与蓝天白云相互映衬，构成一幅幅美丽的画卷，吸引了大量游客前来游览参观。

吞达村

TUN DA CUN

门　　票： 尼木吞巴景区门票为240元。

交通情况： 从拉萨市开车向西约110公里。

吞达村位于西藏自治区拉萨市尼木县吞巴乡，是尼木县吞巴景区的核心景点，是318国道沿线的重要旅游目的地。

吞巴乡气候宜人，生态优美，是尼木国家森林公园四个核心区之一，村庄内百年核桃、左旋柳、藏青杨随处可见，与村落四周的人工林交相辉映。就在这绿树掩映之下、山重水复之中，沿吞巴河散落着大大小小的传统藏香加工水磨，形成一个景观独特的水磨长廊。行走在吞巴乡，村落、藏文、藏香、古树、水景融为一体，让人流连忘返。

这里是著名的"藏文鼻祖之村，水磨藏香之源"。据县志记载，吞巴乡有着1300多年的历史，是藏文创始人吞弥·桑布扎的故乡。在吞巴乡，可以非常真切地感受到西藏历史文化及其发展的独特魅力。

吞巴乡的尼木藏香、藏纸、雕刻等传统手工艺享誉区内外，被称为"尼木三绝"。尼木藏香的生产工艺流程更为独特，其所用不杀生之水和完全手工、生态制作工艺折服了广大游客与信教群众，让人叹服。

才纳乡

CAI NA XIANG

门　　票：0元。

交通情况：临近高速公路，适合自驾游。

才纳乡位于西藏拉萨市曲水县，靠近拉萨市堆龙德庆区南部，地处拉贡高速公路旁，距拉萨市24公里，是拉萨市的菜源地。

才纳乡盛开的油菜花吸引着游客的目光，这里的油菜花规模不大，间杂着绿油油的青稞田，在蓝天白云的映衬下，静静散发小家碧玉般精致、温婉的气质。油菜花田离拉萨河很近。白云、雪山、湖泊、草原、阳光，无不让人心潮澎湃。

此外，从云南省引进的30余万株郁金香种球在拉萨市曲水县才纳乡有机作物种植实验基地试种成功。盛开的鲜花为高原古城拉萨增添了几分别样的色彩。

扎西岗村

ZHA XI GANG CUN

门　　票：0元。

交通情况：八一镇每天早晨都有唯一的一班车到波密，中途到鲁朗或扎西岗下，约80公里，票价大约几十元，也可租车到扎西岗村。

在鲁朗景区不远，有一个宁静优美的小村庄，名为扎西岗村。相传文成公主途经此地，着迷于这仙境般的风光，为其取名“扎西岗”，意为“吉祥坡”。

盛夏的雪域高原，阳光、雨露，雪山、草原，风景秀美如画。藏东南鲁朗林海深处的扎西岗村，草地像绿毯伸向远方，一朵朵黄色、红色、粉色、蓝色的小花，点缀其间；一群群牵马的村民和游客，徜徉在花海间，灿烂的笑容绽放在脸上。

一路的田园风光，草木葱茏，牛羊闲步，鸡犬互鸣，栅栏交错，田畴阡陌。被称为“西藏江南”的林芝地区，高山峡谷之间，梅花竹般地点缀着许多精美的村落，村落里一座座建筑美得让人流连忘返：彩色的屋顶、兼具西藏传统特色和个人创意的墙壁与雕梁画栋；农家小屋的古意苍凉；农田森林的柔软悠闲；犹如仙境的山山水水；前有矮山绿如屏障，后有雪峰稳如靠背；左走高山原始森林，右走峡谷骡马道；脚下鲁朗河水绕……无不吸引着游客的驻足。

普玛江塘乡

PU MA JIANG TANG XIANG

门　　票：0元。

交通情况：适合自驾游。

普玛江塘乡位于西藏中南部山南地区浪卡子县境内，地处喜马拉雅山中段北麓，是全自治区海拔最高的高寒边境纯牧业乡，平均海拔5373米。这里地广人稀，水草丰美，其东部是藏南海拔最高的大湖——普莫雍错，湖面海拔5030米左右，湖周围有着连绵的雪山和辽阔的草场，草原上牦牛星星点点，美不胜收。

平均海拔5500米的普玛江塘乡查布村比珠峰大本营高出300多米，是目前人类集聚生活的最高海拔。每年夏天牧民们利用放牧间隙聚集在村头进行拔河比赛，极度缺氧的自然环境无法阻止运动带给他们的欢乐。

错高村

CUO GAO CUN

门　　票：0元。

交通情况：适合自驾游。

位于西藏林芝地区工布江达县境内的错高村是林芝地区唯一一个完整的古村庄，村落民居与周边自然林区融为一体、古朴秀丽，最早的建筑已有450年历史。

这里的民居沿用工布藏族的传统建造方式，因地制宜利用木、石构建，石砌的院墙上堆放着薪柴，宽敞的院落既可堆放草料又能圈养牲口。曲折的小巷在院墙之间婉转逶迤，通向散落全村的玛尼拉康、玛尼石堆和经幡柱，串起村民们祈福、转经、祭拜的脚印。这些宗教场所与周边的雪山、神湖，以及村民们世代口口相传的古老神话，构成了工部藏胞充实的精神世界，而肥美的牧场和湿地又为他们提供了足以依赖的生存空间。错高村就这样安然镶嵌在雪山绿水之间，续写着工布藏族古老的历史。

索松村

SUO SONG CUN

门　　票： 0元。

交通情况： 从派镇进入大峡谷景区后，过了雅鲁藏布江上的大桥，往右，经过吞白村，包车约30分钟可到索松村。

索松村位于雅鲁藏布江的西侧，与对面的直白村隔江相望，是观看南迦巴瓦峰格雅鲁藏布大峡谷的最佳位置，村子正对着南迦巴瓦九座山。

索松村是一个很古朴美丽的地方，汇聚的冰川、雪山、原始森林、草原、峡谷和大江大河，拥有“险、绝、美、雄”的迷人景色，浓烈的色彩足以让人流连忘返。

来古村

LAI GU CUN

门　　票： 30元。

交通情况： 乘所有走川藏公路的班车，到然乌镇下车，然后租车到来古村。也可在昌都或林芝搭乘往察隅的班车，在途经宗巴村下车，从宗巴村到来古村只有10公里左右。

西藏八宿县然乌镇来古村在青藏高原东南伯舒拉岭的腹部，西藏最美的湖泊之一的然乌湖就在它身边。来古村是一个处于冰川末端的小村庄，来古村和然乌湖相依相偎、相伴而生，距川藏公路只有20多公里。村子四周雪山耸峙，当歌岭、夏那峰、布汪拉、达玉障堆四峰环绕，每座雪山均

推下巨大的扇形冰川，在冰川前沿形成堰塞湖。来古村在冰川和雪山之间散落而坐，牛羊出没，鸡犬互鸣，田园阡陌，佛塔桑烟，一派胜境。

然乌湖是西藏昌都八宿县境内的一片堰塞湖，海拔3850米，面积约22平方公里，湖面的海拔高度为3850米。站在这里可以看到六条海洋性冰川，这样的自然景观在中国甚至在世界上都绝无仅有，是我国一个观看冰川的绝佳地点。初夏时节，群山绿影环抱之中的然乌湖显得格外静谧而妩媚。在然乌湖边，大片草甸、碧蓝湖水与皑皑雪峰，让人如入梦幻之境。

乃村

NAI CUN

门　　票： 0元。

交通情况： 可以先从拉萨坐车或者坐火车去日喀则，到了日喀则再坐去往吉隆的班车，班车车次一周很少，建议最好能包车前往。

乃村是日喀则地区吉隆县吉隆镇辖下的一个小山村，紧邻吉隆镇正北方高耸的大山顶上。到吉隆旅游观光而不到乃村绝对是一个遗憾，这里是人们游草地、看雪山、观晨云、赏落日、领略民俗风情的最佳选择。

沿盘山公路一路来到山顶，视觉豁然开朗，一块方圆十多平方公里的大平地展现在眼前。平坝东南略高，西北稍低，颇为原生态的两处藏族民居分列东西两侧，醒目而自然有序地延展在这平地之上，和远方的雪山及森林十分融洽。这两个村落分别是上乃村和下乃村，合为乃村一个行政村。在这两处村庄的周围，是绿茵茵的青稞地和小麦田，简易公路从两个村落之间蜿蜒穿过。田地外围的草场上，五颜六色的野花轮番绽放，野蜂彩蝶飞舞流连。平坝西南的草地上，村中的儿童在此嬉戏玩耍。村落和田地中，牧场分布其中，牛羊闲散地点缀着天地白云间的画面。这是一片绿意的田园世界，世外桃源之地。

推村

TUI CUN

门　　票：0元。

交通情况：一般是从波密包车、自驾前来，或走川藏线时经过游玩。

平均海拔5070米的推村坐落在距拉萨西南300多公里的浪卡子县达隆镇辖区内的普姆雍措湖畔，是世界上海拔最高的行政村落。推村临近不丹边防，背靠白雪皑皑的喜马拉雅山麓，依傍着清澈深邃的普姆雍措湖，是一个如伊甸园般的村子。

清晨、傍晚，站在湖边，遥望南部神山库拉岗日，拉轨岗日山脉的主峰宁金抗沙，那震撼人心的日出日落，是令人一辈子都难忘的美景。

六水沟村

LIU SHUI GOU CUN

门　　票：0元。

交通情况：交通不便。

六水沟村位于四川省广安市受华蓥市，紧挨三圣寨村、月亮坡村、大石坝村、大坡老村，气候宜人，天蓝水清，风景秀丽，人勤物丰。

华蓥市禄市镇六水沟村生态农业观光园内的玫瑰、醉蝶花、马鞭草、鸡冠花、蓝绣球等鲜花在每年竞相开放的时候，吸引不少市民和摄影爱好者前来赏花拍照，伴着花香欢度双休日，尽情享受大自然的美丽和生活的乐趣。

甲居藏寨

JIA JU ZANG ZHAI

门　　票：50元。

交通情况：1. 成都茶店子车站每天早晨6:30有直达丹巴的班车，车费约71元/人。

2. 从丹巴包车去甲居藏寨40~80元，虽然去上寨只有4公里，但是路况很烂，全是土路；黄金周及旅游旺季也有车直接到藏寨，5元/人。

3. 在丹巴县城外的桥头有班车可达藏寨，车费3元/人，车程15分钟。

甲居藏寨位于四川甘孜州丹巴县境内，距县城约8公里，面积约5平方公里，270余户民居层层叠叠，星罗棋布，一直延伸到旁边的卡玛布群峰脚下，煞是壮观，素有“嘉绒风情名片”之称。甲居是当地藏语“百户人家”的意思，海拔约2400米，有“中国最美乡村”“藏区童话世界”的美誉。

秋季是甲居藏寨一年中最美的季节。造型独特的红、白、黑三色相间的石砌小楼依着起伏的山势迤逦连绵，与彩林、山谷、溪流、雪峰一起，构成一幅恬静如诗的优美画卷。

现在，这里已不仅是160余户藏胞居住的家乡，也吸引着越来越多的中外游客。随着知名度的提高，到寨里来观光旅游的人越来越多，寨房主人都喜欢把客人请进家门，尊为嘉宾，品尝藏寨食品“布达”。

稻城亚丁村

DAO CHENG YA DING CUN

门　　票：夏季（4月-10月）150元，冬季（11月-次年3月）80元（购票时需要携带身份证）。

交通情况：亚丁村位于稻城亚丁景区之内，距离售票中心约30公里，景区公路沿途设有标识牌。

亚丁村距香格里拉镇34公里，亚丁自然保护区就因为依靠该村而得名，素有“最后的香格里拉”的美誉。小村隐匿在雪山与森林之间，出现的时候总是显得很突然，仿佛在此之前根本不存在，是你的眼睛移到时才突然显现的一样。

村子位于山间台地上，峡谷中出现这样的台地让人有种恍若隔世的感觉。四周是起伏着的苍凉群山，在蓝色天空映衬下，山峦的轮廓青黑晶亮。山谷的尽头，巍峨的仙乃日雪峰毫无保留地沐浴在阳光之下，简练而险峻，像寥寥几笔勾勒出的简笔画。然而山峰的高度、宽度和质感却幽暗险峻，雄伟而安详，绝非笔墨所能形容。

村子共有28户人家，每一户藏房的摆放都十分随意，但细看又觉得似乎都经过大师的精心设计，与自然那样的协调。藏寨的四周，平整的青稞也似乎是精心安排，一直铺到山坡的转陡端。湛蓝的天空、洁白的雪山、由绿变黄的草原、深绿的森林、金黄的青稞地，白色藏房像一颗颗珍珠点缀在青黄相间的田园，形成一幅藏乡田园美丽画卷。

迤沙拉

YI SHA LA

门　　票：0元。

交通情况：适合自驾游。

迤沙拉村位于四川省攀枝花市以南70公里处，全村现有350多户人家，1700多人，其中彝族人占全村人口的96%。这是一个古老的彝族村寨，据史料记载，迤沙拉至少在明朝初年即已达到相当的规模。

依平缓的金沙江西岸台地而建的迤沙拉民居，大都采用青瓦白墙、土木结构，呈现出一派苏皖小镇的风貌。村内小巷纵横，密如蛛网；家家高墙深院，院院紧邻；门前有巷，巷巷相通。胡家巷、张家巷……一路走来，犹如行走在时空的迷宫之中，但见深院、高墙、深巷，“廊腰缦回，檐牙高啄，各抱地势，钩心斗角”之势醒目。

村中四合院体现着“合和聚财”风水氛围，其四合五进、高瓴飞檐突出表现了“五岳朝天、四水归井”的徽派建筑风格。房屋的屋脊、四檐尖端均有昂扬向天的装饰；其四厢的内檐水道均朝天井内，以讨聚风聚财的吉利。雕花窗户、板壁、檐梁、墩柱、桌椅……处处可见工巧的雕刻艺术。而屋檐设计的精美、瓦当图案的考究，更令人叹为观止。迤沙拉人在堂屋设立祭祀神位，“天地君亲师”“先祖、灶君……”，当地彝人虔诚地传承着汉文化传统。

走进迤沙拉自然村，恍若走进了苏皖小镇，家家有院，院院相连；门前有巷，巷巷相通。行走在村内的小巷中，随处可见身着民族服饰的居民。特点鲜明的民风民俗、轻柔飘逸的洞经古乐、味道鲜美的羊皮包肉……这里的一切对于外界的人们都是那么神秘。

然乌乡

RAN WU XIANG

门　　票：0元。

交通情况：然乌乡位于318国道旁，适合自驾游。

然乌乡位于四川省乡城县东南部，海拔2970米，与云南香格里拉县接壤。这里地处高山峡谷地带，四面环山，处于群山怀抱之中。然乌在藏语中意为“铜槽”，然乌河一泻而下贯穿全境，因其地形酷似水槽而得名。然乌有天浴温泉、萨苟神山、查呈沟等鲜为人知的景点，田园依山梯级而上，白色藏寨镶嵌在青黄相间的青稞小麦地里，相互映衬，田园风光壮美。

甘堡藏寨

GAN BAO ZANG ZHAI

门　　票：0元。

交通情况：从理县出发搭班车会路过甘堡藏寨，票价10元/人。

甘堡藏寨位于四川省阿坝藏族羌族自治州理县东南部，拥有2000多年的历史和百余户藏族人家，号称“嘉绒藏区第一寨”，是一个典型的嘉绒藏族聚居的大寨子。它倚山傍河而建，故得名甘堡（藏语“甘堡甲穹”意为“坡上的村落”）。从远处望去，整座寨子背靠绵绵青山，面临千古流渠，鳞次栉比、错落有致。

甘堡藏寨的民居、官寨全为石头建筑，却与羌区和其他藏区取材有别。甘堡藏寨居于坡地，无山石可采，故多取杂谷脑河中鹅卵石和巨型石包为材。古时常用火攻之法使巨石爆裂，近现代则用铁铸工具将石头化整为零，切割为被当地人称为石墩子的长方形条石，用于修造房屋。在甘堡藏寨，寨中所有男子几乎都是石匠，砌石墙对于他们来说更是拿手好戏，无须垂墨吊线，只凭经验和目力，信手拈来，由他们砌出的石墙，平整笔直、棱角分明。

近些年，甘堡藏寨以其独特的文化现象引起了国内外民族学、民俗学乃至人类学专家的浓厚兴趣，他们纷纷前往探秘寻幽。

青德乡

QING DE XIANG

门　　票：0元。

交通情况：靠近公路，交通较为便利。

青德乡位于四川省甘孜藏族自治州乡城县东南部，距县城仅12公里，交通便利，气候温和，平均海拔2750米。村内的青山绿水间点缀着错落有致的白色藏房，热情好客的青德乡村民盛邀八方宾朋前来观光旅游，欣赏如诗如画的田园风光。

梅湾村

MEI WAN CUN

门　　票：0元。

交通情况：适合自驾游。

梅湾村位于四川省眉山市丹棱县双桥镇，距县城以西6公里，辖区面积2.5平方公里，因梅湾水库建成而得名。一年四季湖面烟波、轻舟荡漾，花果飘香，绿树成荫，淳朴民风，笑意相迎，这就是梅湾的真实写照。

梅湾大力发展桃类、杂柑等水果种植产业，形成了花果水中映、村在绿中隐、人在画中游的现代新村美好画卷。同时乡村旅游蓬勃发展，梅湾湖风景区正在积极打造国家4A级风景区和以双桥镇梅湾湖畔的梅湾村为中心的“十里桃花红，万顷橙花香”旅游环线。

关昌村

GUAN CHANG CUN

门　　票：0元。

交通情况：交通不便。

关昌村位于卓筒井镇国际观光旅游区，距县城12公里，距卓筒井镇1.5公里，属丘陵地区，以传统农业养殖业为主。

走进关昌村，保存完好的大顺灶盐井，风格各异的土墙房古建筑群令人印象深刻，它们有的三五成群错落有致，有的成排成片连成一体。这些

建筑或为民居建筑，或为水月宫寺庙，现存已挖掘出来的100余口北宋时期的小口径盐井均保留着原貌。

关昌村由九个山峰围绕村庄而得名的九岭岗环抱而成，村里人以九岭岗为龙脉，围绕山峰环抱的盆地修建村庄。历史上的关昌村曾是大英制盐重地。卓筒盐井开西方绳式顿钻钻井技术之先河，是钻探深井的始祖与活化石，堪与中国古代“四大发明”并列生辉。

梨树村

LI SHU CUN

门　　票：0元。

交通情况：交通不便。

梨树村是四川省眉山市仁寿县曹家镇下辖的一个村级行政单位，位于龙泉山脉末端，是钟曹路和骑河路的交会处。全村主要以种植业为主，出产葡萄、梨子、蔬菜等农产品。村内环境优美，先后被评为四川省新农村

建设示范新村、四川省旅游示范村、四川省生态示范村、四川省卫生村、绿化示范村、四川省城乡环境综合治理示范村。

梨树村曹家梨依靠特殊的土壤以及气候条件，具有皮面光滑、果质细嫩、果肉香甜化渣、果核极小、清热解暑、清心润肺等特点，2004年荣获“四川省无公害生产基地”称号、2004年被眉山市政府授予“眉山市知名旅游产品”称号、2004年获“四川省生态园区”称号、2007年获得国家“绿色产品”认证、2007年获“眉山市知名商标”、2008年荣获“眉山知名旅游产品”等荣誉称号，曹家梨被各大新闻报社跟踪报道，在省内外享有很高的知名度，产品远销美国、畅销全国。

双坝村

SHUANG BA CUN

门　　票：0元。

交通情况：交通不便。

重庆市綦江区打通镇双坝村是打通镇一个自然村，风景秀丽，气候宜人，天蓝水清，物华天宝。主要农产品有葡萄干、椰子、透明包菜、奇异果、水稻、橙子。

桂林街道双坝村万亩蔬菜瓜果新鲜欲滴，连排农家小院炊烟袅袅，营养健康的农家美食香飘四溢。这里还有一弯清河蜿蜒而过，垂钓河畔，水流潺潺，清风拂面。“天地浅翠更如画，人在画中已微醺”，这里风景幽静，清新自然，摘不完的果蔬，看不尽的风光。来这里，尽享田园之悠闲，乡村之宁静，夏日之清凉。凭借优良的生态条件和坚实的产业基础，桂林街道双坝村成功上榜“2016重庆醉美乡村好去处”。

向前村

XIANG QIAN CUN

门　　票：0元。

交通情况：重庆到仙女山，可在朝天门汽车站乘坐重庆直达武隆的汽车。

向前村位于武隆县城东北部，距县城30公里的火炉镇。火炉镇因在该镇上场口有一直径约3米的石制烤火炉而得名。

火炉镇自然资源丰富。旅游资源：急待开发“三潮水——万峰林海——东山箐林场”旅游线，此线是盛夏避暑的好去处。龙坝梦冲塘神秘的传说，令人神往。森林资源：万峰森林植被好，有“万峰林海”之美称；两大林场（东山箐林场和周家山林场）林地面积三万余亩。名特土产：龙坝的脐橙个大甘甜；东山箐林场和周家山林场的蕨芭、野生香菇、黑大脚菌味道鲜美；万峰的西瓜、大米、苡仁远近闻名。

万峰林海是乌江画廊又一幅壮观的山水画。万峰林海因山丘众多，森林覆盖面大而得名。万峰地形由西向东倾斜，北面稍高，南面略低，四周突起，形似木舟。舟中山丘林立，星罗棋布，松杉杂木，浓郁葱茏，溪流纵横，素有“林海”的美称。由于地貌相似，行人初至，易于迷途，有如入“八阵图”之感。若雨后天晴，山间云雾缭绕，此时若站在乡政府后览胜，疑似仙境降人间。山顶上放眼望去，其景之壮观，胜似云海。

红椿村

HONG CHUN CUN

门　　票：0元。

交通情况：交通不便。

红椿村位于巫山县红椿土家族乡，距县城南64公里处。红椿土家族乡东邻官渡，西接巫山粮仓庙宇镇，北与铜鼓镇接壤，南靠湖北建始县，平均海拔在1500米左右，辖区面积75平方公里，是巫山两个土家族乡之一。

红椿土家族乡属喀斯特地貌，土壤主要为矿子黄泥土，适宜各种中药材生长。最高海拔2031米，最低海拔910米，平均海拔1430米。属于典型的高山气候，年均气温10.6℃，年平均降雨量为1725毫米，日照时间较长，风、雨、冰、雹等自然灾害频繁发生。

红椿土家寨荣获“2016重庆醉美乡村好去处”称号。

板夹溪十三寨

BAN JIA XI SHI SAN ZHAI

门　　票：小南海门票85元。

交通情况：交通较为便利，多条公交可到达小南海景区。

板夹溪十三寨位于小南海后坝沿河的6公里多山沟中，是当前重庆保存最完好的土家族风貌寨，每个寨子都包含有吊脚楼、风车等土家族独特的文化元素。每个村寨基本都以一个姓氏为主。

十三寨所在的小南海原名小瀛海，是一个美丽的高山湖泊，位于重庆市黔江区，水域面积为2.87平方公里，湖面长5公里。小南海风景名胜区湖光山色，环境优美，景致迷人，水资源丰富，树种繁多，有140多种乔木。动物有60多种，是著名的渔场和养麝基地。

四寨村

SI ZHAI CUN

门　　票：0元。

交通情况：在镇上包车前往。

贵州省黎平县双江乡四寨村，是一个与世隔绝的地方，其山川秀丽，风景迷人。在其山上有很多的野果，还有很多的野生动物，小动物们在这里嬉戏玩耍、别样快乐，美无可比。在这里的人民勤劳、善良、勇敢，热情助人，他们有着和汉族一样的文化和习俗，他们待人友好，待小动物如亲人，在他们的村子里面男的耕田女的织布，还有一头和他们同吃苦共患难的牛，牛儿很勤劳很忠诚也很善良，看着它们个子很大可它们从来都不去欺负这里的小人儿，这里的人们也很喜欢它们。牛儿春夏秋都为人们工作，这里的人们空闲的时候就秋冬放牛养牛，春夏为牛割草送到牛棚。贵州省黎平县双江乡四寨村这里有一条可爱又美丽的小河，在小河里面有很

多的小鱼、小虾和小螃蟹，最好玩的就是河里面的水爬虫，它们长得像蜈蚣可是它们没有毒，它们可以用来当药用当补品，都非常好。在小河里面有很多的小鱼，多得都不知道它们叫什么名字，小鱼很可爱，也很小巧，形状各异，奇妙无比。贵州省黎平县双江乡管理着很多的大山，其四寨一村就管理了9大山川，小山10多座。

贵州省黎平县双江乡四寨村是个小村庄，在庄子的外围是良田亩亩，庄家翠绿幽葱，到秋天的时候稻田里的庄家都是金灿灿的仿佛自己来到了谷仓里面一样，秋收过后稻梗上会长出很多鲜嫩的小禾苗，小动物们都会自己结伴出去吃，晚上又自己回来。

车田村

CHE TIAN CUN

门　　票：0元。

交通情况：交通不便。

车田村坐落花溪区湖潮乡，该村水资源丰富，有湖潮支流和冷饭河支流汇聚本村，有天然岩洞等，是一个天然旅游资源的潜在地。距贵阳市中心25分钟车程。

车田村辖上车田、中车田、下车田三个自然村寨，具有约200年村史，民族以苗族与汉族为主。明初时期开发贵州毁村建屯，明朝安奢之乱时又毁屯复村，这里作为府城贵阳的粮道备道，在古代军事和府城经济中更是具有相当重要的作用。200年前，这里是小花苗的聚居地，后又有汉姓雷氏迁入，形成了上车田为苗族，中车田、下车田为汉族的分布。

车田村属亚热带湿润温和气候区，具有高原性和季风性气候特点，四季分明，年平均气温22℃，年降水量1175毫米，年无霜期285天，常年主导风向为偏南风，平均海拔1100米，气候温和，冬无严寒，夏无酷暑，光照充足，水资源丰富。这里，山、水、洞、林、泉齐备；山清，水秀，洞奇，林密，泉多。车田村地形复杂，有荒坡田园镶嵌，中部田园地带比较平整，周围山坡环绕，建筑古朴，景色迷人，古木参天。青山秀水构成了千变万化美不胜收的河谷、峡谷景观；形成了贵安核心区内极其稀有的原生态湿地风貌。同时，当地传统建筑多因地制宜，就地取材，用石料修造出一幢幢颇具民族特色的石板房。

雷屯村

LEI TUN CUN

门　　票：0元。

交通情况：锦屏县车站乘坐客车或者自驾车到敦寨镇雷屯村下车。

雷屯村位于贵州省锦屏县敦寨镇南部，坐落于锦屏、黎平两县交界的亮江河畔，距敦寨镇政府驻地10公里，距锦屏县城46公里，距三黎高速公路敦寨出口10公里，距黎平机场15公里，202省道从村寨东侧穿过，区位优势得天独厚，交通十分便利。全村村域面积1942亩，其中耕地面积648亩，是一个苗、汉融洽居住的典型村寨。雷屯村地势平坦开阔，土壤肥沃，气候温和，雨水充沛，是农业产业发展理想之地，重要农业产业有蔬菜、制

种、精品水果等。流经黎平、锦屏两县的亮江河绕寨而过将雷屯环抱，形成“三面环水，一面临山”的半岛——雷屯，百大沙洲如翡翠碧玉镶嵌在寨旁亮江河面，沙洲上绿草如茵，古木葱郁，自然风光旖旎，具有“江南水乡”的美誉，是游客休闲憩息、客商投资的天然港湾。

走进锦屏县敦寨镇雷屯村，一栋栋徽派建筑风格房屋与苗侗风格建筑房屋相互交错，掩映在绿树丛中；一排排路灯竖立在整洁干净的道路两旁；田间垄亩整齐，菜畦葱绿；亮江河绕寨而过，河中鸭鹅成群，河边水车抽水、妇人浣衣；沙洲如翡翠碧玉镶嵌在寨旁亮江河面，沙洲上绿草如茵，一幅江南水乡画卷映入眼帘，传达出一个古老村落的新风新韵。

云舍村

YUN SHE CUN

门　　票：68元。

开放时间：9:00-18:00。

交通情况：在铜仁城北客运站乘坐铜仁—梵净山（经江口县、云舍村）的车，到云舍村下车大约50公里，票价19.5元，车程大约2小时。

云舍的整个村寨坐落在一片平坦的坝子上，背靠绵绵青山，寨前是清流潺潺的“天堂河谷”太平河，被誉为“中国土家第一村”。

云舍村位于江口县太平镇，古香古色的桶子屋是这里最典型的土家族木质建筑，斑驳的青石板小路蜿蜒围绕在家家户户的房前屋后，这些弯弯绕绕的巷道好似迷宫一样，将云舍的每一户人家连接在一起。云舍封建朝代遗传的农耕农作，土家织锦，手编

工艺，中国四大发明之一的造纸术保留至今的土法制作工艺，有道是“云舍造纸，蔡伦为师”。

红岩村

HONG YAN CUN

门　　票：0元。
交通情况：交通不便。

红岩村位于贵州省威宁县么站镇，全村总面积16平方公里，平均海拔2000米，距镇政府所在地31公里。

该村位于么站镇西南面，东、西、南、北分别与金斗乡及本镇大山村、麻乍乡、云南省宣威市、本镇水塘村接壤，是么站镇面积最大、人口最多的村，全村共有耕地3046亩，适于多种农作物的生长。现以种植玉米、马铃薯为主；经济作物以种植烤烟为主，全村森林覆盖率达60%。

该村地处偏僻、交通较为不便，全村地势极为崎岖，石漠化及水土流失严重，极需相应的治理。近年来，种植业、养殖业和畜牧业进一步发展，人民生活水平不断提高、思想素质和文化素质不断增强，民族团结，社会稳定，人民安居乐业，社会经济进一步发展。

在麻乍镇乐利村和红岩村交界处曾发现神秘洞穴。这个被当地人称为“老干洞”的洞穴长约6000米，已探测的有1038米，洞道纵横交错，水塘、地下湖错置其间，洞中有8个洞厅，遍布钟乳石、石笋、石柱、石旗、石帘、鹅管、边石坝等多种堆积物，形成千姿百态的岩溶景观，蔚为壮观。

本寨村

BEN ZHAI CUN

门　　票：0元。

交通情况：交通不便。

本寨村位于西秀区东南面，坐落在安顺屯堡旅游景区的核心区，距安顺城区18公里。本寨村始建于明朝初期，洪武四年（1371年），明朝廷为了加强对边疆地区的统治，推行屯田制度，江淮地区的民众迁至川黔地区。清王朝建立后，继续在川黔地区施行屯田，明代屯军的后裔仍然住在屯堡村落，其建筑风格、语言、服饰、婚丧、节庆等习俗并未因改朝换代而发生变化。因此，600多年来，本寨村屯堡人乡音未改，风貌依旧，即使在今天的美丽乡村建设中，本寨村也依然保存着大明遗风。也因如此，本寨村先后获得“全国文明村寨”“全国重点文物保护单位”“中国历史文化名村”等荣誉。

屯堡地戏是本寨村600多年的屯堡遗风，流传至今还保留10余项，最鲜活的一项就是让人耳熟能详的“地戏”，它以粗犷、奔放的艺术个性和深邃的文化内涵活跃在欢庆场所。多年来，本寨人一直通过“地戏”怀乡恋土，演武增威，祈求神灵护佑，年复一年，传承至今。

坪阳村

PING YANG CUN

门　　票：0元。

交通情况：交通不便。

坪阳村地处摆忙乡东部，行政区划面积35平方公里。村委会位于922县道（都惠公路）25公里处，距乡政府8公里。居住有汉族、苗族等民族，其中以汉族为主。

坪阳村属高寒山区，年平均气温13.2℃，最高气温32℃，最低气温零下9℃，无霜期254天，年均降雨量1429毫米，境内多大山、峡谷，平均海拔1460米。气候属中亚热湿润气候，特征是温凉、湿润，多秋风，四季分明，湿度较大，日照偏少。主要生产中国十大名茶之一——“都匀毛尖”、野生天麻、海花草等，境内主要有硫铁、重晶石等矿产资源。

响水洞村

XIANG SHUI DONG CUN

门　　票：0元。

交通情况：可驾车前往。

响水洞村位于盘石镇西部，距松桃县城13公里，距盘石镇政府3公里，是一个以苗族聚居为主的少数民族村。盘石镇响水洞为松桃县八大景观之一，有雄伟壮丽的“响水飞瀑”和错落有致的“梯田风光”，环境优美，空气清新，青山环绕，绿树成荫，溪水潺潺，苍岩林立，风景旖旎，以及独特的喀斯特地貌形成了姿态万千的自然景观。

远近闻名的“响水贡米”色泽清白，有光泽，呈半透明状，米粒大小均匀、丰满光滑，不含杂质，口感舒适、气味芳香、回味悠长。在清朝雍正年间，“响水贡米”曾被列为朝廷贡米10余年，至今在当地仍流传“响水贡米救皇姑”的佳话，响水贡米市场前景好、具有开发价值。

响水洞民风民俗淳朴、民族文化底蕴丰厚，孕育了独具魅力的人文景

观。苗族刺绣、八人秋千、苗寨吊脚楼、打棒棒猪活动、苗族傩戏表演等仍然保留着原汁原味的民族特色。

响水洞村以其优美奇特的自然景观、丰富的民族文化资源、良好的地理区位优势和便捷的交通条件成为人们游览观光、休闲避暑的胜地。

普米族寨

PU MI ZU ZHAI

门　　票：云南民族村门票90元。

交通情况：昆明市内乘坐公交44路、73路均可到达云南民族村景区，交通极为便利。

普米族寨位于云南省昆明市西南郊的滇池之滨民族村景区内，民族村是反映和展示云南二十六个民族社会文化风情的窗口，集彝、白、傣、苗、哈尼、纳西、傈僳、独龙等25个少数民族的村寨于一处，各少数民族丰富多彩的村舍建筑、生产、生活、宗教习俗等均得以如实展示。景区内水陆相交，清新优雅，各村寨景点错落有致，有天然的游浴场和体育训练基地，为消夏娱乐度假的好地方。

游客在村寨里，除可了解云南各民族的建筑风格、民族服饰、民族风俗外，还可以观赏激光喷泉、水幕电影、民族歌舞、大象表演，品尝民族风味小吃，购买民族工艺品。

箐口村

JING KOU CUN

门　　票：0元。

交通情况：昆明有发往元阳的班车，到元阳的班车大都发往山脚的新县城南沙镇，必须要在南沙转到新街的车才能离梯田景点更近一些。从南沙到新街约30公里的山路，大约需要1个小时。

箐口村，是哈尼族民俗村，距元阳县城南沙37公里，老县城新街7公里。

哈尼族梯田已有一千多年的历史，在连绵起伏的群山和河谷两岸到处是高达几十层甚至几百层，最高几千层的梯田。正所谓“山间水沟如玉带，层层梯田似天梯”。而踏着“天梯”上到高处俯瞰箐口，如诗如画，波光粼粼的层层梯田，变幻无穷的茫茫云海，原始粗放的簇簇蘑菇房，自然淳朴、气象万千。

雨崩村

YU BENG CUN

门　　票：梅里雪山230元套票（含金沙江大湾60元、雾浓顶观景台60元、飞来寺观景台60元、雨崩80元），进入雨崩加收5元管理费。

交通情况：雨崩村目前无公路可通，进入雨崩有西当方向和尼农方向两条驿道，以西当驿道更为方便，需徒步或骑骡子，上坡12公里，下坡6公里，翻越3700米垭口。

雨崩村位于云南省迪庆藏族自治州德钦县梅里雪山脚下的高山峡谷之中，四面群山环绕。因其地理环境独特，雨崩全村只有30多户人家，仅通过一条人马驿道与外界相通，加之雨崩村位于梅里雪山的念慈母峰下五子峰脚下，景色优美，民风淳朴，被称为“世外桃源”。深秋时节，这里色彩缤纷，秋色迷人，雪山、草甸、原始森林、冰川、瀑布、湖泊等，构成了一幅幅美丽的田园诗画。

雨崩村因充沛的降雨量及特殊的地理环境和气候条件，植物的生态长势茂密而又奇异，在一些老树的主干上往往可以看到寄生着许多其他植物，这种奇特现象被人们称为“五树同根”。

去往雨崩的必经之处是香格里拉。这个渲染着各种奇幻与浮华的地方如今并不仅仅代表着一本书里的秘境，而是探寻整个滇藏地区的神经中枢，每天都有数不尽的过客来往于此。人们都希望从这个“香格里拉”出发，去往充满未知、满是期待的“香格里拉”。

里格村

LI GE CUN

门　　票： 包含在泸沽湖景区门票内。

交通情况： 班车：丽江古城口玉河广场停车场每天早上有发往泸沽湖的旅游专线车，可抵达大洛水村和里格岛，往返车费160元/人，单程100元/人，早上8:00发车，车程6小时左右。

包车：从丽江市区到泸沽湖可以自己租车，一般淡季为350~550元，旺季为550~800元。

里格村位于丽江市宁蒗县泸沽湖的北侧，东西南三面环水，行成了以里格半岛为核心的“里格湾”，左右青山环抱，湖岸逶迤伸展，阡陌纵横，田园万顷。

村子坐落于格姆女神山下（当地人叫狮子山——因在永宁眺望该山如静卧的狮子而得名），房舍分布在湖湾和半岛上，独特的地理位置使得里格有着与别的村落不一样的湖光山色。

在美丽的“里格仙境”里，人们仿佛脱离凡尘，进入仙界。远处若隐若现的木屋炊烟袅袅，身着红衣白裙的摩梭姑娘划着船在草海里穿梭，悠扬的“啊哈吧啦”民歌在耳畔久久回荡，令人流连忘返。

银杏村

YIN XING CUN

门　　票：旺季40元（8月-次年1月），淡季20元（2月-7月）。

交通情况：班车：1. 在腾冲西门车站乘坐到固东镇的中巴，每天8:00-19:00约15分钟一趟，车程40分钟左右，到达固东集镇后有转江东的中巴车，单程7元左右/人。

2. 固东镇与腾冲国家火山地质公园临近，可乘班车先游览火山公园，再搭面包车等前往。

包车：在西门车站附近有面包车可到银杏村，车费20元左右/人。

银杏村是天下第一银杏王国，是秋游赏景的绝佳去处。

银杏村位于云南省腾冲县固东镇，村内共有3万余株银杏树，其中树龄在百年以上的1000余株，五百年以上的有50余株，最大的“银杏王”树龄在1000年左右。这可能是迄今为止云南发现的最大、最集中、最古老的一片银杏林。每年11月中旬-12月初为最佳观赏期。银杏村的银杏树，古老而古朴，有声有息，隐于群山环抱，现于农庄炊烟之间，没有太多的俗气，

更没有丝毫的商业气息。

这里除具有古老和天然连片等特色外，还有一个最大的特点就是“村在林中，林在村中”，相互依托。村民的房屋就错落有致地分布在空地四周，在房屋前后，到处都有大大小小的银杏树，到了古银杏村的感觉就是“满地的黄金！”电影《武侠》的拍摄地就在这里。

翁丁村

WENG DING CUN

门　　票：40元。

交通情况：临沧汽车站坐发往沧源方向的中巴车，下车乘坐去勐角乡的客运车或者包车前往景区。

位于中国西南边陲的云南省沧源佤族自治县翁丁村，是一个有着数百年历史的佤族原始群居村寨。翁丁，在佤语中的意思就是云雾缭绕的地方，又有高山白云湖之灵秀的意思；佤族在古语当中的意思为“住在山上的人”。漫步雾中翁丁，首先见到的是百年如故的寨门和大榕树，两者同处一线，构成真正意义上的寨门，共同守护着这个有着数百年历史的村庄。在见到寨门的同时，也同时被寨门特别是大榕树上的牛头震撼，每根门柱上的牛头，特别是大榕树下悬挂着的牛头，若隐若现，神秘神奇。

翁丁村寨位于毗邻中缅边界的深山里，属亚热带气候，山多林密，气候宜人，全部为佤族群众。翁丁村至今仍保留着完整的佤族传统干栏式茅草房以及各类佤族祭祀房、神林、木鼓房，当地人还保留着一些传统习俗，翁丁村寨以其原始佤族民居建筑风格和原始佤族风土人情入选中国传统村落名录，现在已成为国内外游客参观游览的好地方。

诺邓村

NUO DENG CUN

门　　票： 0元。

交通情况： 云龙县到诺邓没有班车，包机动三轮车每车单程约20元；如果行李不多，也可以尝试步行，约一个小时。

诺邓古村位于云南省大理州云龙县城以北的深山里，是一个有着上千年历史的白族村寨，全国首批“中国景观村落”，云南十大旅游古镇之一。

“诺邓”这个村名自唐代南诏时期以来，近1100多年不变，堪称地理史上的奇迹，由于盐业经济繁荣，有力促进了诺邓村落文化的发展。

诺邓也是一座难得的白族民居建筑历史博物馆，现有着滇西最集中的明清古建筑群和明清文化遗存。保留完好的古村风貌，原态原貌相当完整，全村院落的形式如“三坊一照壁”“四合五天井”“五滴水四合院”“一颗印四合院”等等各异风格，在云南乃至国内都十分罕见。因此，诺邓村中现代民居建筑不多见。诺邓的魅力在于它是一座活着的古村，村民仍然居住在古旧历史建筑中，又在延续着新的生活。

坝美村

BA MEI CUN

门　　票：100元。

交通情况：从昆明汽车客运站乘到广南县的卧铺车，行车462公里。从广南县城到坝美村行程43公里，在广南客运站坐中巴车，2小时就到了。

1. 坝美虽然是一个新开发的旅游景点，但是，广南已经开通到坝美的公路，路况很好，坐3路公交车可直达坝美，票价8元，只要40分钟就到了。

2. 从汤那村洞口到坝美村，有一段长约2.5公里的路，现在可以坐摩托车，价钱2.5元。

在云南省文山壮族苗族自治州广南县境内，有一个酷似陶渊明笔下“世外桃源”的坝美村。“坝美”，是壮语的音译，意为“森林中的洞口”，这里青山环绕，人们必须乘船穿过悠长的水洞方可入村。穿过水洞，突见地势豁然开朗，河谷、流水、翠竹、水车、农田、茅舍、桃花，形成别有洞天的优美环境。坝美村居住着几百名壮族群众，长期以来一直过着自给自足的生活。

寨子古老而优美，高大的榕树枝繁叶茂，巨型的树根相互缠绕裸露在地面上，一层层依山而建的麻烂楼里居住着百多户壮族人家，他们大多属村中的土著居民沙支系。进到寨里，随处可见扎着帕角、穿着黑蓝色裙、脚蹬绣花鞋的女人在自制的人工石磨前推磨，在古老的木制纺织机前纺线、织布，在用众山采来的草叶靛染后做成的土布上绣花，男人们则背回大架大架的柴火，小孩和老人担着竹水桶去泉眼里挑水来蓄在自制的石缸里，供家人饮用。

坝美村还保留着富有浓厚的壮族传统文化色彩的民俗活动，寨里每年都按时节举行祭龙、祭祖、围鱼、对歌、龙垭歪、花糯米饭节、斗鸡、泼仙波、领夜种神田、耍狮子、踢叶子球、踢毽子等活动；婚丧嫁娶按风俗礼仪规定严格进行，至今保存坐家、吹树叶谈情说爱、舂粑粑订亲、走着出嫁、送葬要献白、用筒钱杆等；传统节日依时举行，如过小年（祭杨六郎）、三月三等，独具特色的民俗活动，宣扬着壮族文化元古的符号。

坝美村民歌有创世歌、历史歌、情歌、劳作歌等，舞蹈有沙戏、古兵器舞等，文学有神话传说、山川风物传说、侬智高起义传说等。

宝山石头城

BAO SHAN SHI TOU CHENG

门　　票：0元。

交通情况：丽江汽车站每天都有发往石头城的中巴车，票价20~25元/人。客车只到宝山乡政府，到石头城还需沿山间小道步行3小时左右方可到达。去程班车每天早上6:30左右在新大街的三岔口处发车，个体中巴每天大概有两班车到宝山乡，车费30元（建议一直坐到宝山乡后的公路尽头，这样可节省约2小时的徒步路程。下车后走马路，徒步下山1小时左右可看见对面山头的石头城，然后再徒步约半小时，穿过一座小村庄后，即到石城脚下）。回程班车每天大概11:00在宝山车站发车，共3班车。

宝山石头城位于距云南丽江市区约120公里金沙江峡谷独立的蘑菇状巨石之上，当地居民随岩就势建城，城内瓦屋鳞鳞，巷道纵横，丽江纳西族居民辟岩建屋，房屋柱石和房沿石均随势打成，古朴自然，奇绝无穷。石城三面均为悬崖绝壁，仅有两座石门可以出入，是一座天险之城。这座石头城中不少家庭使用的桌凳、水缸等用具都是就地势凿石而成，历史久远，自成奇观。

建于元朝的石头城目前仍有居民百余户，城下有历代居民开垦的梯田。当地人用劳动和智慧造就了石头城独特的自然和人文景观。由于石头城交通不便，骡马还是当地居民生活中的重要运输工具。

团山村

TUAN SHAN CUN

门　　票：50元。

交通情况：在建水县大转盘处的乡村客运站有黄色微型车可以直达团山村，票价3元，行程25分钟。返回建水的微型车就停在团山村东门入口处附近。从县城坐出租车大约30元。

在云南南部的红河哈尼族彝族自治州有一座古色古香的山村闻名遐迩，这就是保留着滇南古乡村风貌特色景观的团山村。

团山村坐落于云南南部建水县城西，村内保留了大量清末民初的建筑，青石板路蜿蜒于村内各处，八大院、四寨门、张氏祠堂等建筑犹如一颗颗明珠镶嵌在古村的不同方位。村子坐落在山坡上，全村建筑多坐西朝东，古朴自然。村中现存的古建筑由传统的汉族青砖四合大院、彝族土掌房和汉彝结合的瓦檐土掌房等建筑组成。村中大院皆雕梁画栋，建筑空间景观层次丰富，深深地体现了中原文化与边地少数民族文化交融的烙印。

坡脚村

PO JIAO CUN

门　　票：0元。

交通情况：交通不便。

坡脚村隶属于云南省普洱市思茅镇，海拔1495.00米，年平均气温19.40℃，年降水量1340.90毫米，适宜种植水稻、玉米、蔬菜、茶叶等农作物。

绿色是坡脚村的底色。绿油油的生态茶园，一蓬接一蓬的凤尾竹，小小的村落镶嵌在群山绿树间，一栋栋特色民居掩映在绿树花丛里，勾勒出一幅生态宜居的美丽乡村画卷。

大宷村

DA PIN CUN

门　　票：0元。

交通情况：大宷村地处深山，交通不便。自驾车到太阳高速盂县南出口下，沿214省道向北行驶50公里，到贾家峪大桥右转，沿闫贾线行驶10公里，路旁即有指示标志，按标志指引行驶即可。需要注意的是，进山后，盘山路难行，需谨慎慢行。

山西省盂县梁家寨乡的深山中，隐藏着一座千年古村落——大宷村。整个村子依山而建、错落有致，独特的“立体式”乡土建筑完整地保留了盂县传统民俗风情。因原来大宷村山口有3条瀑布，所以取名“大宷”。

大宷村的整个院落建筑风格非常特别，基本是上下二层的造型。这里的建筑风格有点像南方的干栏式建筑，看似连接，其实各自分离，上下参差却实为一家。该房屋建造时就地取材，用山上的石头垒壁，用地头的黄

泥抹墙，木头搭顶再铺上青瓦。其神态既有北方的豪放，隐约间又投射着南方的婉约秀气。尤其到了雨后，山云雾绕，俨然刚出浴的江南女子，眉间带笑。

大宋村最奇特的地方在于所有房屋都没有地基，只凭借黏土和石头砌盖在一块光滑的山石上。村内各家各户以小巷连接，息息相通，户户相连，布局自然又犹如迷宫般神奇。在朝阳的映衬下，寂静的大宋村宛如一座大山里的小布达拉宫。

这里的人们过着日出而作、日落而息的生活，民风淳朴，热情好客，村中夜不闭户，路不拾遗，至今还保持着原始的古风古貌。村落很少被人涉足，没有被外界的喧嚣尘埃感染。与村民们相处，总有一种不吐不快、无所顾忌的安全感。此外，村内酸菜玉米面饸饹、头肉水菜、炒莜面等美食可供品尝，运气好，赶上村里老人自己做黄米面糕，也能尝尝稀罕。

王化沟村

WANG HUA GOU CUN

门　　票：0元。

交通情况：王化沟地处深山，交通不便。适合自驾游。

王化沟是山西省宁武县管涔山上一个不足百人的小山村，坐落在距山脚百米高的山腰上，因其建在悬崖峭壁间，远远望去，极似空中楼阁，呈现出“白云生处有人家”的独特村貌，因此被人们形象地称为悬空村。

站在悬空街上鸟瞰，足下是百丈悬崖。涧底有潺潺流水，其声淙淙然，有如天籁。对面乃山之阴，松林茂密，蔽日遮天，森森然，竟是杜甫诗中“阴阳割昏晓”的如实写照。流连观赏之际，已是傍晚时分。此处松树极多，枝干虬蟠错落，形状各异。夕阳斜挂，归鸟盘桓。对于久居尘嚣闹市的人，身临此境，可以清心，可以净思，乃至荡气回肠，恍惚有羽化

登仙之感。这里不仅景色绝美，而且民风古朴。与留在村里的老人交谈，其憨、厚、淳、真，均与现代城市人迥异。

王家峪

WANG JIA YU

门　　票：0元。

交通情况：王家峪景区较为适合自驾游。

王家峪位于武乡县东70华里处漳河边的丘陵山区，这里山环水绕，峡谷幽深，曾被称为“八路军的故乡，子弟兵的摇篮”，被誉为太行山上的“小延安”、华北抗战的“司令部”。朱德、彭德怀、邓小平、刘伯承、杨尚昆、陆定一等老一辈革命家曾在这里长期生活、战斗，指挥华北各抗日根据地的游击战

争和政治斗争。至今，无数先烈用生命和鲜血孕育出的太行精神，仍旧在这片英雄的土地上代代相传，游客们踏上太行山的土地，寻访八路军总部旧址。

此外，游客们还可以在王家峪感受太行龙洞的“天下奇观”。太行龙洞位于王家峪东侧，这里峰峦叠嶂，草木茂盛，洞内溶石错落有致，洞中套洞，曲径通幽。身临此处，可以感受到色彩纷呈的溶洞之美。

张壁村

ZHANG BI CUN

门　　票： 50元。

交通情况： 张壁古堡交通较为便利，介休火车站有通往张壁古堡的专车。

山西省介休市龙凤镇张壁村，是一个原汁原味的中国古代城堡式村落，背靠绵山，面对绿野，海拔1040米，方圆1300米，面积约12万平方米。又称张壁古堡。整座古堡顺塬势建造，南高北低。从堡北向下俯视，

左、中、右各有一条深沟向下延伸。堡南则有三条向外通道，堡西为窑湾沟，峭壁陡坡，深达数十丈。堡东居高临下，有沟堑阻隔，可谓“易守难攻，退进有路”。堡墙用土夯筑而成，高约10米。

张壁古堡是世界上颇为罕见的袖珍小城，却具有完备的城市形态，具有很好的军事防御功能。它融古堡地道、宫殿庙宇、军事宗教、民俗历史为一体，除此之外，还有小巧的钟鼓楼、顺畅的交通网络、众多的宗教场所等等，张壁古堡因“古庙神佛异，明堡暗道奇”而闻名海内外。

西井山村

XI JING SHAN CUN

门　　票：0元。

交通情况：西井山村交通闭塞，沿长治市平顺县城一路向东，穿过立壁千仞的大峡谷，越过渊深万丈的挂壁公路，再沿着山脊驶过宽不足5米的“太行天路”，才可到达。

西井山村位于山西省平顺县虹梯关乡，地处海拔1600多米的险峻石崖上，12个自然庄分布在5座山头上。太行山区进入雨季时，西井山村掩映在烟雨雾霭中，显得静谧而幽远，宛若世外桃源。古树、石屋、若隐若现的村童……组成了一幅淡泊写意的画卷。

李家山村

LI JIA SHAN CUN

门　　票：0元。

交通情况：从太原出发直达碛口的客车每天只有一班次，每天中午12:00左右发车，到达碛口为当日下午，全程票价75元/人。

李家山村位于山西省临县古镇碛口，系明清时期李氏家族所建。整个建筑依黄土山坡而建，毗邻黄河，建筑与山体结合完美，犹凤凰展翅。建筑均以水磨砖对缝砌筑，形式多以窑洞明柱厦檐四合院为主，依山就势，高低叠置，错落有致。街道高高低低，用条石砌棱，块石铺面。民居砖、木、石雕及精美匾额比比皆是，有着很高的艺术价值。

李家山民居现存大大小小近百个院落，400多孔窑洞，居住着220多户人家。这里自然风光与人文景观交相辉映，蕴藏着黄土民情风俗和丰厚的黄河文化。山村的古朴与宁静仿佛是一架滤尘器，滤掉了尘世的喧嚣与浮华，将人们带进了一个单调但纯净的天地。著名画家吴冠中到李家山采风时惊呼："从外部看像一座荒凉的汉墓，一进去是很古老讲究的窑洞，就像是与世隔绝的桃花源。这样的村子，这样的房子，走遍全世界都难找到。"

师家沟村

SHI JIA GOU CUN

门　　票： 0元。

交通情况： 去汾西县可乘火车在霍州市下，转乘汽车，或从临汾、介休、长治乘长途汽车前往。

师家沟位于汾西县城5公里处，其清代窑洞民居群兴于乾隆三十二年，相传是由师家四兄弟做官发达后始建，是一处可与名扬三晋的王家、乔家大院相媲美的晋商民俗建筑群，在清代享有“天下第一村”的美誉。大宅院虽历经240多年风雨剥蚀，但由于地处偏僻山村，得以在动荡与战乱中幸存，至今仍保存完整。

该建筑群三面环山，依山就势、错落有致，共有大小31个院落，以四合院、二进四合院、二楼四合院、三楼四合院为主体，分别设有正房、客厅、偏房等，并用传统的圆门、耳门等巧妙相通，布局自然，互相联系，互相贯通且衔接自然，形成了由下而上，楼上楼、院中院的奇特格局。大院集砖雕、木雕、石刻艺术为一体，现存的门额、门匾、木刻牌匾、砖刻牌匾雕刻精致细腻，艺术精湛，为我国木雕艺术研究和古建民居研究提供了重要的实物资料。

一条用长方石条铺成的人行道长约一千五百米，处处与排水道接通，故有“下雨半月不湿鞋”和“关好八大门，锁好十小门，行人难出村”之说。整个村落既有水平方向的相互穿插，又有垂直方向的互相渗透，充分体现了丘陵沟壑区依山就势、窑上登楼的建筑特点，同时又融合了平原地区多进四合院的布局风格。村四周有约1500米长的石条人行道，构成环村环行道，环道以外建有酒坊、醋坊、染坊、豆腐坊、油坊、造纸坊、当铺、盐店、药店、学堂、牌楼、祠堂等附属建筑。

师家大院文化内涵极其丰富，集砖、石、木雕为一体，垂花门、檐廊、隔扇等雕刻精细。仅窗棂图案就有108种、门额牌匾150多处。说一是表示师家的108种生意，再是表示山西的108个县。现存的门楼、槎栏、花草、人物、琴棋书画木雕10余套，雕刻精致、艺术精湛，已成为我国木雕艺术研究的珍品。“东山气”“南山寿”“北海风”“敦本堂”“清白家

风”等题额，字迹浑厚，刚劲有力，处处散发着封建社会耕读世家的文化品位。

乔家大院、王家大院等晋商大院闻名海内外，而师家大宅院却一直躲在深闺人未识，后因电影《一九四二》在此地拍摄而声名鹊起，来此访古寻奇的游客增多。师家沟民居集中体现了山西黄土文化和官商住宅文化的时代特征，在山西现存清代传统民居中独树一帜，具有较高的历史、艺术、科学价值。

井底村

JING DI CUN

门　　票：0元。

交通情况：通过“太行天路”可到达井底村。

井底村位于长治市平顺县，是太行山深处的一个小山村，四周群山环绕，悬崖绝壁如铁桶封闭，就好像在一口井的底部，因此得名。为了彻底走出这个“井底”，村民们历时15年在平均海拔1100多米的山崖绝壁间开凿出一条全长1526米的公路，远远看去，公路就像挂在悬崖峭壁上一样，当地老百姓形象地称它为“太行天路”。“天路”开通10余年了，如今的井底村已经成了距县城不到1个小时车程的旅游景区。

村内幽静奇绝，抬头见树，低头见草，到处被植被覆盖，一片郁郁葱葱。村后峡谷中修建有水坝，聚了一泓碧水，水深数尺，水静无波。水映山村，多少给这小村平添了些许江南水乡的味道。坝底深谷幽潭，涓涓溪流傍着陡峭的山峰沿山谷流淌，清风徐来，没有凉意，只有舒爽的感觉。

光村

GUANG CUN

门　　票：0元。

交通情况：适合自驾游。

位于山西运城市新绛县泽掌镇的光村，拥有三千多年的历史，是中国四大名砚之一国家级非物质文化遗产绛州澄泥砚生产基地。

光村由北雄山、玉皇庙、姑苏塔、通灵碑、乾元门、继照门、广汉门和大武门环绕而成，以蔺、薛、赵、王四大家族的四穿院、平楼院、书房院、悬墙门楼、插廊院、阁楼等组成的古民居院落而盛名。其中，赵家十八座院始建于乾隆初年，大小院落十八座一线建起。砖木结构的大院有六座，均为四面插廊，檐下花板雕柱刻工精致的人虫鸟兽山水花木，无不呼之欲出。下设花雕门扇，四面柱脚下的石鼓雕工更是精美出众。

村里现存有100多座明清四合院建筑，国家保护文物福胜寺，光村遗址、光村汉墓等非物质文化遗产，绛州木版年画、面塑、剪纸、书画等民间艺术，共同形成了该村独树一帜的传统文化特色。

悬空村

XUAN KONG CUN

门　　票：0元。

交通情况：1. 大同、运城、西安、临汾、包头、岢岚等地可乘火车到宁武，再包车前往景区。

2. 太原火车站、广场长途汽车站乘坐开往宁武县的客车，由宁武转车到东寨镇，再包车前往景区。

悬空村位于晋西北管涔山深处，浓密葱茏的林海之中，有三个古老神奇的悬空村：王化沟村、五花山村、曹家梁村，均属宁武县涔山乡，三村相距很近，分别建在悬崖绝壁间，远望好似空中楼阁，天上人家。

这里不仅景色绝美，而且民风古朴，适合游客前来游览参观。

王金庄

WANG JIN ZHUANG

门　　票：0元。

交通情况：邻近309国道，自驾游可到达。

王金庄位于涉县东部，东界武安市，地处太行山东麓河北、河南、山西3省交界处的崇山峻岭之中，属河北涉县管辖之内。这是一个有着2500多年历史的传统村落，走进该村，就像走进了令人称奇的“石世界”，石街石巷、石房石院、石碾石磨、石桌石凳随处可见。村里民居保存了明清石头房特色，现存600栋、4000多间，建筑面积25万平方米，石板街经历代扩建，最长的2000多米。

明、清两代建造的石屋，弯弯曲曲的石巷，四块青石拱成的门楼，绕着石碾子推面的村姑。在这里每条巷子每个院落都散发着幽幽古韵，丝丝缕缕中都透着沉重的历史质感，走在清晨黄昏的小巷中，石道上光可鉴影，真是：石墙表老旧沧桑，石门内驴鸣犬吠。石烟筒炊烟袅袅，石巷中话叙家常。

上山采摘瓜果、下水摸鱼抓虾、石屋里品尝特色美食、青石板路上感受古朴的石头文化……走进这里，不觉让人瞬时穿越时空，回归朴拙，在感受梯田之韵、花椒之香、石头之奇、水道之美。

西古堡村

XI GU BAO CUN

门　　票：西古堡村属于暖泉古镇的联票内，80元/人，包含暖泉书院、西古堡、农耕文化展馆、历史文化展馆。

交通情况：可乘坐汽车到达蔚县县城，再打车或者乘坐班车前往暖泉古镇，蔚县有直达暖泉的汽车；或自驾游。

西古堡村位于河北省蔚县暖泉镇内，冀晋界东2公里，是一座保存完好的明清时期的古村落。古堡集古城堡与古戏楼、寺院、宅院于一体。建于明嘉靖年间（1522—1566年），明末清初续建，是古蔚州“八百庄堡”中最独特、保存最完好的一座。古堡瓮城形制结构别具一格，古式宅院，呈明清民居建筑风格，建筑布局灵活多变，结构严谨复杂，殿宇高低参差错落，楼台掩映，建筑景中套景，景中借景，景中藏景，充分显示了当时工匠高超的艺术设计水平。

暖泉古镇“三堡”中最出名的是西古堡。古堡东西长260米，南北长330米，民居全部为砖木结构，木制格窗，木雕彩绘，青条基石，白灰青砖筒瓦，房顶起脊，安制吻兽。南北堡门等都是用砖砌成，北端的堡门上还建有一座阁楼，堡内有一条主街和三条小巷，现有明清时期建起的古民居院落180所。据了解，西古堡村俗称“寨堡”，始建于明代嘉靖年间，扩建、续建于明末清初，是古蔚州800庄堡中最为独特、保存完好的一例，至今还居住着243户村民，被誉为“河北民俗文化第一村”。

北官堡村

BEI GUAN BAO CUN

门　　票：观看打树花需付票价160元/人。

交通情况：邻近高速，适合自驾游。

河北省蔚县北官堡村是中国历史文化名镇暖泉古镇“三堡”中规模最大的一个，始建于明代初期，已有近700年的历史。现存比较完好的高大歇山式堡门楼，堡内的卢家小堡与北官堡形成“堡套堡”特色，享誉全国的古老文化遗存“打树花”发源于此。2015年8月，北官堡村被国家旅游局授予“中国乡村旅游模范村”。

虽经历几百年的风雨侵蚀，但其粗壮厚实的木料石材，美丽精细的砖雕木刻，古朴典雅的油饰彩绘，仍显示着当年的繁荣与风采。登上堡门楼南北俯瞰，民宅民居鳞次栉比，高大齐整的起脊吻兽圆筒瓦屋顶争奇斗艳，庙宇、城楼峭拔雄劲，一派古城风韵。

古迹斑驳的村堡门楼十分高大，距今已有数百年的历史了。在城门正面，有一大块很厚的铁锈皮儿。原来，这就是蔚县的一项特色的民俗活动——“打树花”的杰作。

暖泉镇的特有民俗打树花距今已有300多年的历史了，一千多摄氏度的铁汁炸裂后爆发出万朵火花，犹如枝繁叶茂的树冠，因而称之“树花”。“树花”千姿百态，万花奔腾。“火树银花不夜天”，是一种古老而原始的焰火，树花大型表演还作为元宵节主要活动如期进行。

剪纸也是暖泉镇的一绝，当地人用各种不同型号的刻刀在宣纸上刻出各式花色，极富动感，巧夺天工。

鸡鸣驿

JI MING YI

门　　票： 40元。

交通情况： 到鸡鸣驿需先到达沙城，在沙城汽车站乘坐小巴前往，小巴约耗时半小时，车费大约5元。驿站临近高速，适合自驾游。

鸡鸣驿城位于河北省怀来县西北鸡鸣山脚下，距北京100多公里，是距今已有近800年历史的古驿站。驿城始建于元代，到明朝永乐十八年（公元1420年），成为京师北路的第一大站。驿城近似正方形，边长460米左右，占地20多万平方米，城墙高11米，是国内目前保存最完整、建筑规模最大的古驿站。明清时期驿城一直是北京通往西北的重要中转站，直到1913年北洋政府宣布“裁汰驿站，开办邮政”，鸡鸣驿这个古驿站才退出历史舞台。

2001年，鸡鸣驿被国务院公布为第五批全国重点文物保护单位。2003年、2005年，两次被世界文化遗产基金会列入100处世界濒危遗产名单。当地2009年启动鸡鸣驿城保护修复工程并于2016年初完工，古城堡昔日风采基本再现。

现存的鸡鸣驿是一座轮廓完整、周长近两公里的古城，东西有两座城门、城楼，虽历经沧桑变化，驿城内保存的驿丞署、把总署、驿馆遗迹以及文昌庙、白衣观音殿等众多的宗教建筑和古民居依然显现着当年的风采。

电影《大话西游》中紫霞仙子和至尊宝的深情一吻是在鸡鸣驿城拍的，因背靠鸡鸣山而得名。走近鸡鸣驿，一种厚重的历史沧桑悄然袭来，古老的城墙经过千百年风雨的洗礼依旧屹立不倒，城门仿佛似曾相识，记录着这里曾有的繁荣景象，古老的驿道仿佛在向游人低诉着曾经的往事。

大梁江村

DA LIANG JIANG CUN

门　　票：0元。

交通情况：大梁江村距离井陉县约35公里，交通不便，适合自驾游。

大梁江村位于河北井陉县南障城镇，隐藏在群山环抱之中，是一个保存着明清时代完整风貌的历史文化名村。整个村子依山而建、错落有致，房屋建筑以石头作为主要材料，木质门窗，碧瓦青砖，斗拱飞檐，气势宏伟，向人们展示着一代晋商曾经的辉煌。目前村里有修筑于明清两代、保存完好的四合院314座、房屋4000多间，村内街道高低错落，纵横交错，或用青石或用鹅卵石铺成。四合楼院整体布局独特，功能划分明确，是该村民居古建筑的典型代表，有人称之为河北的“乔家大院”。

村内最具代表性的建筑当属“武举人”的“一宅九院”，占地两亩，房屋百间。进一道门，可以走遍九重院

落，院中有院，院里有楼，楼上有楼，楼顶有院，楼能通楼，院能通院，可以说是深山里的大宅门。离“一宅九院”不远处，一棵千年古树见证着古村的历史。据考证，这棵老槐树植于唐代，距今已有1000多年历史。老槐树的树心已经枯朽，仅有部分树皮活着，整个树身向东南侧倾倒，被村民们用一个拱形的小牌楼支撑起来，它又顺势向上生长，依然枝繁叶茂，亭亭如盖。老槐树表皮苍劲皱黑，枝干屈曲虬结。

于家村

YU JIA CUN

门　　票： 30元。

开放时间： 8:00-18:00。

交通情况： 于家村地处太行山腹地，交通不便。

于家村位于太行山深处河北省井陉县，是一个建于明朝洪武年间的小山村，距今有700多年历史。于家村的房屋和各种建筑大多是用石料建成，真可谓是独具特色的“石头村”。

据井陉县志记载，于家村原名白庙村，是一个名叫于有道的人带着5个儿子从附近的南峪迁来定居繁衍而成，所以全村的人多姓于。现在于氏祠堂内仍完整地保存着自于有道以来的宗族家谱。

走进于家村，你就像走进了石头的世界：房屋大多是用石头垒建，屋顶以青瓦覆盖；大街小巷或石条铺路，或碎石垫道；小河上的桥也是用石头垒成。进入庭院，多见石桌石凳、石缸石瓮，还有石杯石砚、石炉石罐，不少是明清古物。

于家村中有真武庙、观音庙、古戏楼等许多文物古迹，其中有一“清凉阁”，又名“神仙阁”，据《井陉县志料》记载此阁建于明万历九年（1581年），共有三层，为全石建筑。更为奇特的是，如此高大的建筑物，竟然不打地基，不用辅料，以高低不平的天然石底为基础，以参差不齐的块块巨石就地垒起。有的石条长过数米，有的石块重达数吨，其工程难度令人赞叹。清凉阁最上层是玉皇庙，二层分东西南北四室，分别是三皇庙（尧舜禹）、三义堂（刘关张）、观音祠和阎王殿，香火至今不断。

上苏庄村

SHANG SU ZHUANG CUN

门　　票：0元。

交通情况：可从蔚州古城出发，包车前往宋家庄古村，车程约12分钟（县城内街道就可找到包车，注意需要砍价）。

上苏庄村位于河北蔚县宋家庄镇东南山脚之下，现有600多户，是蔚县城南地区最为古老，且民风淳朴、民俗独特的一个村堡。村子不大，可看可玩的内容却很多，村容村貌极具原生态画面感。

拥有450多年建村历史的上苏庄，堡墙、堡门和堡内建筑大部分保存完好，俯视上苏庄古堡其形状恰似打击乐器的镛锣模样（用木框做架，界成若干方格，方格内挂有小铜锣）。东西南北交错的街道是镛锣的框架，一幢幢方方正正的四合院好像一只只镛锣挂于框架之上。所以，上苏庄堡也叫“镛锣堡”。

村内保存完整的明代佛教题材壁画，距今已有400余年的历史，至今色彩鲜艳，人物生动和谐。此外，村内至今还保留着许多地道的民俗传统，比如除夕午夜祭冰灾、

正月初八拜人子、家家户户竖灯杆、春节两次贴春联、元宵三天拜灯山、二月二吃面茶等风俗。每年的农历正月十四、十五、十六三天，上苏庄堡都热闹非凡，因为一年一度的上苏庄拜灯山的民俗社火活动正在热火朝天地上演着。这一活动历代相传，延续至今已有400多年，是蔚县正月期间古老而独特的社火景观。

上苏庄的独特村貌和人文氛围，吸引了许影视从业者的目光，电视剧《敌后武工队》《亮剑》《飞》《狼毒花》等都在这里拍摄了大量镜头，使它更为人们所熟知。

英谈村

YING TAN CUN

门　　票：0元。

交通情况：距邢台市70公里，毗邻邢左省级公路，交通便利。

英谈村位于太行深处的河北省邢台县路罗镇，地处河北省邢台县太行山深处，是一座保存完好的石寨，距今已有600多年历史，村内建筑多为明清时所遗存。整座石寨依山就势、高低错落，环抱着它的是一条1000余米长，由红色条石垒砌的寨墙，寨墙上开有四门。红石垒成的民居层层叠叠、自成特色。

目前村内有67处明清古石院落，还保存着较为完整的石城墙、石城门、箭楼等，村里随处可见的石板街、石拱桥、石碾、石磨等也为整个村落增添了古朴气息，故该村有“江北第一古石寨”之称，以错落有致的民居及淳朴的民风吸引了来自全国各地的游客，也吸引了不少国内外艺术家、院校师生和绘画爱好者来此写生创作。

神头村

SHEN TOU CUN

门　　票：扁鹊庙门票40元，网上预订价格35元。

开放时间：8:30-17:30。

交通情况：交通较为便利，到达内邱县城后，再乘班车即可到达；也可自驾游。

神头村是河北省内丘县太子岭下的一个依山傍水的小村庄，该村有2000多年建村史，且拥有众多古迹，保存着冀南风格的山乡风貌及其建筑格局。最有特色的是，神头村沿街至今保留下来大量的古店铺与茶棚。村边有一片历史悠久的古建筑群，这就是战国时期的一代名医扁鹊墓和人们为纪念他而修建的扁鹊庙。

扁鹊庙又称鹊王庙，庙群总体呈长方形，占地面积4万余平方米，由扁鹊殿、后土殿、玉皇殿、三霄殿、百子殿、药王庙、山门、献殿、回生桥、桥楼、碑楼、三清楼阁、道士院等20多座单体建筑组成，总体布局合理，结构紧凑，是北方典型的道教庙群。古时，帝臣官宦、文人骚客、隐人居士、善男信女，莅此览胜观光，朝山祭圣，也为这里留下了众多诗碣、碑文、石刻等文物古迹。庙院内古树参天，石碑林立，木石结构的殿宇雕梁画栋，奇脊飞檐，仍显示着当年的辉煌。据《内邱县志》记载，扁鹊庙始建日期不详，但汉唐已有之。从现存石碑所载，唐贞观年间（公元627年）扁鹊庙曾重修过。2006年，河北内丘扁鹊庙被列为全国重点文物保护单位。

为纪念扁鹊，每年阳春三月朔一（农历），来自方圆几百里的民众在这里集会。祭奠活动长达半个月之久，人数多达二三十万，平时来庙祭奠的人们也络绎不绝。

固义村

GU YI CUN

门　　票： 0元。

交通情况： 适合自驾游。

固义村位于河北省武安市冶陶镇，该村在华北平原的最西部，与太行山隔水相望，是一个典型的北方汉族聚居村落。全村700多户人家，2700多口人。村内至今还保留着傩戏的传统，村内有供奉观音菩萨的卷棚、东阁，以及河神庙、泰山奶奶庙、关帝庙、胡爷庙、玉皇庙、龙王庙、火神殿、土地庙、老爷庙、五道庙、吕祖庙、三教堂、仙殿等十几座小庙。

每年农历正月十五，固义村举行传统的跳傩民俗活动，吸引了众多村民和游客观看。“傩”是由上古时代驱除疫鬼仪式演变而来的一种民间祭祀和民俗活动，这项活动意在驱赶隐藏在村中各个角落的妖魔鬼怪。该村的傩戏是中国也是世界上保存最完整、规模最宏大的古代傩文化遗存之一。

水峪村

SHUI YU CUN

门　　票：0元。

交通情况：交通较为便利，有多路公交可到达；也可自驾游。

水峪村隶属于河北省石家庄市鹿泉区白鹿泉乡，东距石家庄市区20公里，是住房城乡建设部、文化部、财政部于2012年公布的中国传统村落之一。水峪村因村内多泉水而得名，具有一千多年的建村历史，其民居具有典型的太行山区传统民居特点，依山就势，稀散分布在三山环绕的山坳中，由红石垒就的石头院落，层层叠叠，错落有致。

水峪村在文人墨客笔下得到“群山苍翠，岭峪起伏，泉生山间，四季长流”的赞誉。村里房屋普遍有百年历史，最古老一处院落已有近300年历史，如今依然正常使用。村民们钟爱有200多年历史的剧种——丝弦，年龄大的人大都会唱。历史上，不少丝弦名角都到水峪村取过“经”。

这里的居民普遍长寿，七八十岁的老人身体还很健康，虽然儿孙满堂，但常常闲不住，还要下地干活儿。村里最年长的老人已经102岁，思维清晰，生活能自理，在春节时，还能和儿孙们一起打鼓办庙会。

常山庄

CHANG SHAN ZHUANG

门　　票：20元。

交通路线：1. 京沪高速—青驼出口—迎宾大道—西外环—336省道—常山庄村。

2. 日东高速—沂南出口—227省道—澳柯玛大道—朝阳路—336省道—常山庄村。

沂南县马牧池乡常山庄村是一个以红色旅游为特色的小山村，有着光荣的革命传统，至今仍保持着战争年代历史风貌，它也是沂蒙红色影视基地所在地。这里仍保留着的古朴的村落、幽深的石板巷、石板桥以及残破的老石屋、茅草屋，随着电影《沂蒙六姐妹》、电视剧《沂蒙》和电影《斗牛》的播出，引起了人们对常山庄村的兴趣。

近年来，沂蒙“红色影视基地”在常山庄村投资建起了3个主体纪念馆，即“人民子弟兵将帅纪念馆”“中国红嫂革命纪念馆”和“跟着共产党走纪念馆”，向人们展示着形象、感人的红色沂蒙史。原生态的古村落，成为电影《沂蒙六姐妹》《斗牛》和电视连续剧《沂蒙》《沂蒙英雄》《地道英雄》的拍摄地。昔日贫苦的革命老区，今天成为红火的影视基地。目前，沂蒙红色影视基地已承接拍摄多部影视剧，而反映战争期间无私奉献的沂蒙精神，成为这些影视剧的主题。

临沂非常重视革命纪念地、遗址的保护，他们把70余处党政军机关旧址、战场遗址、红色纪念建筑等加以梳理，以临沂为中心，依托华东革命烈士陵园，建设沂蒙革命历史纪念馆，内设沂蒙精神展馆，整合红嫂广场、滨河红色雕塑群等资源，形成全市红色文化聚集区中心。

吴家台

WU JIA TAI

门　　票：0元。

交通情况：1. 35路公交车至吴家台站下。

2. 从市区碧海路可直达。

吴家台村位于山东省淄博市博山区池上镇政府驻地东南8公里，处柴山之阴。村庄地处群山环绕处，森林覆盖率高。村内有板栗、桃等经济作物，是在家务农村民主要的经济来源。另因为地处池上桔梗主产区，有若干桔梗加工小型企业。

《吴氏祖茔碑》载："吾吴氏始祖于明初迁此定居，取庄名为吴家台。"《张氏墓碑》载："我张氏先祖世系三支之根本也。原系七世祖茂堂，自邹平县东门里迁来吴家台村。"清康熙九年（1670年）《颜神镇志》、清乾隆十八年（1753年）《博山县志》，均载有"吴家台"村名。据此，明代已有此村。因该庄坐落在一平展高阔的土台之上，又因吴姓迁来最早，人口最多，故名为"吴家台"。

村庄环境优美，国家4A级景区鲁山国家森林公园—北坪景区就位于村庄中，山上风景秀美，幽幽密林，高山湖泊，置身山中，心旷神怡，四时风景，各有不同。北坪山位于山东省淄博市博山区池上镇吴家台村东，属于鲁山山系，海拔800米，山水湖光之色俱佳。北坪山的山与水相依相偎"闲上山来看野水，忽于水底见青山"，宋人的诗意境界就在这美景之中再现了。

春天，山东省沂源县30万亩苹果、梨等果树全面进入盛花期，当地果农穿梭在果花盛开的田间，伴着花香为果树疏花授粉、浇水管护，一派春忙景象。清明节过后，山东省沂源县的李子、海

棠、连翘等各类春花相继绽放，广大农民在花海中伴着花香，开展春耕、春管等春季农业生产，田间山野呈现出一派生态美景。深秋时节，山东淄博沂源县成熟的红柿漫山遍野，人们忙着收获红柿、加工柿饼，一派忙碌丰收景象。

烟墩角

YAN DUN JIAO

门　　票：0元。

交通情况：下威海高速后，沿海滨公路往路标“西霞口动物园”“天尽头”方向走。离动物园约10公里处，向右（南）拐弯至成山镇，到了成山镇再打听“烟墩角”前往。

烟墩角位于山东省荣成市俚岛镇，是个依山傍海、景色秀丽的小渔村。村东南有一座小山叫崮山，大概是在明朝时期，山顶上修了一座烟墩，抗战时每当日本侵略者进村袭扰，大家就点燃烽火互壮声势，烟墩角村由此而得名。旧事如梦沧海桑田，现如今村南的花斑石滩船来船往碧波荡漾，海湾的东西各有一条清澈的小溪，将干净的淡水源源不断地汇入大海。每年11月到次年4月，都有成千上万只大天鹅如期飞至山东荣成天鹅湖，在这里栖息越冬。大天鹅在蔚蓝的海面上或追逐戏水，或引吭高歌，或翩翩起舞，或自由翱翔，使天鹅湖的冬季拥有了独特的美丽情调。人与天鹅和谐相处，海滩也由此多了一道亮丽的风景线，为美丽的海湾平添了无限生机。

荣成天鹅湖位于胶东半岛最东端，属暖温带季风性湿润气候区，这里水域面积广阔，水质清澈明净，海苔丛生，饵料丰富，是中国最大的天鹅越冬栖息地，也是世界四大天鹅湖之一。荣成天鹅湖独特的沿海地貌和优越的自然环境，加上政府重视环保，逐年改善的生态以及当地群众对野生动物保护意识的加强，吸引着越来越多的大天鹅不远千里飞临此地过冬。

每年冬季，山东荣成市的大天鹅国家级自然保护区都会聚集上万只来自西伯利亚等地的野生大天鹅和各种珍禽，且到此过冬的大天鹅数量正逐年增加，吸引了越来越多的国内外摄影爱好者到此拍摄。特别是降雪后，山东荣成烟墩角天鹅湾白雪皑皑，美丽的大天鹅与碧海、蓝天、白雪构成了一幅迷人的画卷。许多大天鹅是以“家庭”为单位而来，保护区内常可见到两只大天鹅带着几只小天鹅在海湾戏水的情景。当地村民长期坚持保护天鹅，人们可以和天鹅近距离接触，给天鹅喂食。由于人们自觉地爱鸟护鸟，天鹅也与村民建立了深厚的感情。

杨三峪

YANG SAN YU

门　　票：0元。

交通情况：1. 沿青兰高速公路行驶，在张家坡出口，靠右前方进入张家坡立交。

2. 沿张家坡立交行驶850米，朝沂源方向，右前方转弯进入S236。

3. 沿S236行驶2.6公里，到达终点。

杨三峪村位于鲁中腹地，这里山清水秀、民风淳朴、优美迷人的自然景色，使杨三峪村成了远近闻名的乡村生态休闲旅游胜地，同时杨三峪村也是“美丽沂源乡村行”工程首批16个示范点之一。

杨三峪村周围青山环抱，绿树环绕，空气也特别清新，具备得天独厚的自然生态环境。2014年3月以“杨三峪”命名的乡村旅游开发公司成立，村里聘请设计院进行实地测量考察后，根据杨三峪村独有特色和风俗量身打造，建成集旅游、采摘、狩猎、农事体验等于一体的“三峪一地一果园”综合性景区。2013年12月动工的“一地”——“吉羊福地”，对31户老宅子进行了改造提升，在保有农家气息的同时，又提供了更好的住宿、饮食环境。大山的灵气感染着每一个杨三峪人，一个集种植、养殖、观光、采摘、餐饮等为一体的休闲乡村生态旅游产业已经形成。

每年山东省沂源县张家坡镇都会举办鲜桃和苹果“选美”大赛，各村的果农拿出自家最漂亮的鲜桃和苹果参加比赛，欢庆丰收。张家坡镇是沂源有机苹果的主产地，全镇苹果种植面积达到3.2万亩，产量

1亿公斤。镇上的果农们将自家果园出产的有机苹果送到果业专家、农艺师面前，从外观、个头大小、含糖量、果形、果重、着色等方面进行评比，竞选“有机苹果王”。游人可前去品尝最鲜美的山东苹果。

朱家峪

ZHU JIA YU

门　　票：40元。

开放时间：8:30-17:00。

交通情况：市区内乘坐K301（长清—章丘大站快车）终点站下车，换乘小出租南行约2公里即到。

朱家峪位于山东省济南市章丘区官庄街道，是中国北方地区典型的山村型古村落，山东省唯一的“中国历史文化名村”。

这里自然环境幽雅，文化底蕴丰厚。祠庙、楼阁、古桥、古文化遗址等景点星罗棋布；四面青峰隐隐，溪中碧水悠悠；长白、胡山诸峰拱卫映带如画；悠久的历史文化，多姿多彩的风景名胜资源吸引着大批中外游客和学者。

朱家峪自明代以来，虽经六百余年沧桑，仍较完整地保存着原来古迹的建筑格局。朱家峪大小古建筑近200处，大小石桥99座，井泉66处，自然景观100余处。其中有圣水灵泉、立交古桥、危阁连云、文峰读秀、关帝小庙、朱氏家祠、女子学堂、东山长流泉、坛井七折几大著名景点。

电视剧《闯关东》热播以来，作为外景地之一的朱家峪村吸引众多旅游者前来寻觅、感受剧中所表现的当年山东人背井离乡闯关东的历史踪影。“五一”和国庆长假期间，山东章丘朱家峪景区举办纺线、织布等系列民俗表演活动，吸引了众多游客。四面八方的游客来到古朴的朱家峪游览观光，吃农家饭，干农家活，感受泥土的芳香，体味农家生活的乐趣。

竹泉村

ZHU QUAN CUN

门　　票：98元。

开放时间：8:00-18:00。

交通情况：沂南县至竹泉村大约15公里，从沂南汽车站对面的东方超市公交站乘坐沂南至鲁庄的公交车，到竹泉村下车，约半小时可到。

山东省沂南县铜井镇竹泉村位于沂蒙革命老区沂南县城西北12公里处，背倚玉皇山，中有石龙山，左有凤凰岭，右有香山河，前有千顷良田。因村中有一清泉，泉边多竹，得名竹泉村。竹泉村的竹林、泉水、古村落的自然形态和各种民俗项目的展示保护是当下中国美丽乡村建设的典范。

如今的竹泉村由“一古一新”两个村庄组成：古村保存了老区人民原生态的生活环境，百年老屋、传统手艺都在这里得以保留；新村部分按照社会主义新农村的

标准建设安置村民。

据介绍，竹泉村近年来先后被评为“山东省特色旅游村”“临沂市首批生态（乡村）旅游示范村”。2014年由农业部、住建部、国家旅游局、国家新闻出版总局、中央电视台授予沂南竹泉村“中国十大最美乡村”的荣誉称号。

大界石村

DA JIE SHI CUN

门　　票：0元。

交通情况：文登汽车站每天有发往界石镇的流水车。

大界石村地处文登市西北部昆嵛山区，镇政府驻地。坐拥胶东最高山、“海上仙山之祖”昆嵛山。昆嵛山主峰—泰礴顶和王母娘娘洗脚盆、老子自然石像、老蜂窝等著名景观都坐落在界石镇境内。昆嵛山物华天宝、人杰地灵，素有“海上仙山之祖”的美称，是道教全真派的发祥地，文化与自然资源非常丰富。

昆嵛山每年举办的樱桃节吸引着省内外游客旅游观光，闻名遐迩。丰收的果农纷纷拿着自家的樱桃参加“果王”争霸赛，一决果品高下。据悉，樱桃种植和休闲采摘已成为当地农民增收致富的有效途径。

界石镇交通发达，生态良好，风光秀丽，环境清新，旅游资源丰富。还是山东省旅游强乡镇、全国特色景观旅游名镇（村）、农业旅游示范点。

关顶村

GUAN DING CUN

门　　票：0元。

交通信息：沂水没有机场，如果远途的话，需要先到最近的临沂机场，之后转车到沂水。沂水火车站是过路车站，仅有四个班次三个目的地。沂水的长途汽车运输比较发达，从临沂等地过去的话，可以选择坐长途汽车。

关顶村所在地沂水县地处沂蒙山区腹地，居东（营）红（花埠）、兖（州）石（臼）公路交会处，为半丘陵半平原地区，属暖温带季风气候，光照充足，四季分明，气候宜人。粮食作物主要有小麦、玉米、地瓜等，经济作物主要有花生、黄烟、桃、葡萄、苹果、黄金梨等。沂水镇地理位置优越，农业资源丰富，民营经济发达，商贸流通繁荣，基础设施完善，市场体系健全，投资环境宽松，人民勤劳、淳朴、善良、爽直，被誉为“沂蒙第一镇”。

坐落于沂水县马站镇最北端的关顶村，是一个拥有深厚历史文化底蕴的“古村落”，因位于穆陵关之顶而得名，历史上曾是齐、鲁两国的分界处，有“齐南天险”之称。村内有齐长城、穆陵关、常将军庙、普照寺等遗址古迹，历来为兵家必争之地，是千里齐长城上最重要、最著名的关隘。1977年穆陵关齐长城就被定为千里齐长城上唯一一处省级重点文物保护单位，2001年齐长城被国务院公布为全国重点文物保护单位，2013年关顶村成功申报省级历史文化名村。

独山村

DU SHAN CUN

门　　票：水泊梁山风景区60元。

开放时间：6:30-19:00。

交通信息：从梁山汽车站、火车站乘2路公交车至梁山景区（宋街）下车即到。

梁山县水泊街道独山村位于举世闻名的国家4A级旅游景区、山东省地质森林公园——梁山风景名胜区南麓，220国道和梁济公路交会处，距梁山县城1.5公里。该村集城郊和旅游景区为一体，区位优势明显，物产丰富，生态宜人，环境优美。独山抗日战争纪念馆坐落村中，民俗文化、水浒文化与红色文化影响深厚。

村中代表性建筑主要有三官庙、真武庙和独山抗日歼灭战遗址纪念馆。三官庙建于明隆庆三年，供奉五帝中的唐尧、虞舜和后来治水有功的夏禹。真武庙始建于明万历三年，清嘉庆二十一年曾作修缮，残碑尚存，据古籍注疏所云，真武乃北方之神，谓玄天上帝，宋前称玄武，因避讳改玄为真，后为天界护法神将之首。司风雨驱邪恶降祥瑞泽万民颇受敬奉。庙宇为硬山式建筑，独立成院，没有复建东西厢房，主体大殿为原四梁八柱结构。独山村抗日战争纪念馆作为梁山县爱国主义红色教育基地，为村庄发展红色旅游提供了新的契机，为开展爱国教育搭建了有力的平台。

“独山乡风民俗古会”在梁山当地非常有名，俗语说：“过了腊八就是年”，民间每年的农历腊月初八日有吃腊八粥的习俗。“独山乡风民俗古会”在每年的腊月初八如期举行，各种风味小吃、乡村土特产琳琅满目，吹拉弹唱、民间绝活汇聚到此。斗羊、斗鸡比赛这一民俗活动也在每年的这一天举行，斗羊是水泊梁山的传统民间项目，村民利用集会每年都举行100多场斗羊比赛。去年，河南、河北、山东等省十几个县的300多名斗羊爱好者带着自己的爱羊参加了比赛。比赛根据羊的齿龄、体重分等级配对进行角逐，场面甚是壮观，扣人心弦。十里八乡的村民们纷纷前来捧场，比赛场周边经常汇聚了上万人观看。据悉，梁山斗羊会已举办23届，成为当地一张特色民俗活动名片。

花园口村

HUA YUAN KOU CUN

门　　票： 0元。

交通情况： 花园口村距郑州市区约15公里，东临107国道，有16路、22路等多路公交车在两地对发，特别开辟了游一、游二等旅游公交专线，与郑州市区交通便捷。

花园口村，位于河南省郑州市惠济区花园口乡境内，在郑州黄河公路大桥南端。花园口村郑花公路穿境而过，花园口村距郑州市区约15公里，东临107国道，隶属郑州市惠济区花园口镇，紧邻黄河南岸，是郑州市的北大门。因明时建有花园，又位于黄河渡口附近，故名。惠济区花园口乡人民政府驻此。

该村是国家3A级景区黄河花园口旅游区的所在地，是历史上震惊中外的“花园口决口事件”发生地，扒口处遗址、将军坝、记事广场、镇河铁牛等景点都记录着黄河的巨大变迁。全村湿地和林地覆盖率达65%，2009年被评为郑州市生态村。丰富的人文、自然资源为花园口村近郊休闲旅游的发展奠定了坚实的基础，已成为郑州市环城休憩带的重要组成部分。

花园口村特色餐饮业初具规模。目前，村内已兴办了“黄河人家”“大黄河”“天水农庄”“老渔夫”和“农家院”等20余家休闲观光和旅游餐饮项目，基本形成了农家乐特色一条街。2007年4月，农家乐“黄河人家”被郑州市旅游局评为全市5家“农家乐”示范点之一，并评为星级饭店。

朱仙镇

ZHU XIAN ZHEN

门　　票： 0元。

交通情况： 到达郑州后，走郑开大道，之后走金明大道至滨河路，遇五一路右拐，一直前行就可以到朱仙镇了。朱仙镇在开封南22.5公里处。郑州汽车东站每天有两班到朱仙镇的车，分别在上午9点、下午3点开。开封相国寺汽车站每15分钟有一班发往朱仙镇的客车，直达岳飞庙门口。也可以在开封包车前往朱仙镇。

朱仙镇自唐宋以来，一直是水陆交通要道和商埠之地，明朝时是开封唯一的水陆转运码头，朱仙镇因此而迅速繁荣。到明末，朱仙镇已与广东的佛山镇、江西的景德镇、湖北的汉口镇并称为全国四大名镇。明末清初是朱仙镇最繁盛的时期，当时全镇民商有4万余户，人口达20多万人。朱仙镇为中国四大名镇之一。1958年为公社，1984年改朱仙镇。

作为我国的四大商埠重镇之一，随着岁月的流逝，湖北的汉口、广东的佛山、江西的景德镇都日渐辉煌、繁华，唯有朱仙镇保持着三十年如一日的村镇原貌。

倘若今日，你走在朱仙镇的小路上，空气中、泥土里都透露出昔日的仙风豪气，你无法想象它曾有的辉煌。这个走过了千年风雨的老镇缓缓地步行在现代化的今天，没有被历史遗忘，石桥、古树、雕版、墨香……点点滴滴的历史碎片可串起一幅恢宏的垂天画卷，画卷中的人和事至今还栩栩如生地活跃在我们面前，讲不完的英雄故事，看不够的民俗风情……

千年之前的开封，是世界最大的城市之一，今日的朱仙镇，也保持了三十年如一日的原貌。古老、曾经辉煌、地理位置接近、行政归属，都使汴梁与朱仙镇更有一种唇齿相依之情。

小小的朱仙镇拥有中国四大岳飞庙之一，四大木版年画之一，也是四大名“镇”之一，如今又是中国最美的村镇之一。

南街村

NAN JIE CUN

门　　票：0元。

交通情况：南街村位于河南省漯河市临颍县城南隅，紧靠107国道，西临京广铁路和石武客运专线，东临京珠高速公路。

南街村是临颍县城关镇紧靠京珠高速公路、京广铁路、107国道的全国十大名村，它是集体主义经济的代名词，著名红色旅游景点之一，全国农业旅游示范点，国家4A级旅游景区。

1984年，村办企业的总产值只有70万元，到1995年已经达到12亿元，实现了飞跃发展，南街村集团是南街村创建的集体经济实体，下属28个企业，产业涉及食品、饮料、酒类、印刷、包装、医药、工艺品雕刻、旅游等各个现代化产业。先后有30多位党和国家领导人以及200多位将军到南街村视察指导工作，其中有张爱

萍、朱镕基、李长春、刘云山等党政军领导同志；中央电视台、《朝日新闻》、美国之音等众多国内外新闻媒体对南街村做了大量报道；美、英、法、德、日等20多个国家的数十家新闻单位也都到南街村作过实地采访。

南街村总面积1.78平方公里（相当于2670亩），南街村党委认识到村子里旅游资源的巨大优势，大力进行景区建设，充分挖掘文化内涵，着力打造特色品牌，使南街村景区形成了以文化园区、工业园区、高新农业园区、村民住宅游览区、文化教育游览区、广场文化展示区、珍奇植物园区和革命传统教育区八大观光内容的大型红色旅游景区，特别是新建的革命传统教育景区，浓缩了中国革命的重大历史事件，让人足不出园便可领略中国革命波澜壮阔的宏伟画卷，被省旅游局确定为河南省南部红色精品线路。

岸上村

AN SHANG CUN

岸上村门票：0元。

云台山风景区门票：210元。

交通情况：云台山景区没有火车站。要坐火车的外地游客需先坐火车抵达焦作，再由焦作转乘汽车抵达云台山景区。游客在焦作火车站下车后，可乘坐16路至“客运站—公交车站”下车，抵达焦作旅游客运站，之后乘坐客车前往云台山景区。

岸上村位于焦作修武县北部山区，地处云台山风景名胜区境内，目前岸上村是云台山最大的、最繁华的、离景点最近的服务区。岸上村依托云台山景区，发挥区位优势，大力发展以家庭宾馆为主的旅游服务业，逐渐形成了集住宿、餐饮、购物、娱乐为一体的综合型旅游服务区。

值得一提的是岸上村所在的云台山风景区云台山，国家4A级风景区，位于河南省焦作市修武县和山西省晋城市陵川县交界处，景区面积240平方公里，含红石峡、潭瀑峡、泉瀑峡、青龙峡、峰林峡、子房湖、茱萸峰、

猕猴谷、叠彩洞、百家岩等主要景点。

园区地形复杂，气候随海拔与山势山形变化各异、上下差异明显，原始次生林覆盖了整个山峦，各种树木和奇花异草种类达五百多种。云台山主峰茱萸峰海拔1308米，有落差314米的云台天瀑，在景区泉瀑峡的尽端，是中国发现的落差最大的瀑布之一。

园区内地质遗迹丰富，30亿年来，形成了太古宇、元古宇、古生界和新生界地层；多次的构造运动，尤其是2300万年以来，新构造运动的强烈抬升和水蚀作用的深度下切，造就了云台山双崖对峙的峡谷群和各种动态的瀑、泉、溪、潭，共同构成了旷奥兼具的“云台地貌”景观。

云台山上溯夏商，下至明清，文人墨客不绝于此，唐代是称覆釜山，到了金代时，称之为云台山，这个名字一直延续到现代，竹林七贤隐居山中，对中国园林从宫廷走向大自然起到了承前启后的作用。

2004年2月13日，云台山被联合国教科文组织评选为全球首批世界地质公园。2014年1月，云台山景区被列入资源型城市重点旅游区自然风光旅游项目。

赵寨村

ZHAO ZHAI CUN

门　　票：80元。

交通情况：位于沁阳市西北部15公里，西邻紫陵村，东连西向镇捏掌村，北接山西晋城市狄河村，南边与长沟村、王庄村相连，可驾车前往。

知名的国家5A级风景旅游区神农山景区，即位于河南省沁阳市紫陵镇的赵寨村境内。神农山风景名胜区面积102平方公里，是全球首批世界地质公园、世界自然基金组织A级优先保护区、国家级重点风景名胜区、国家级猕猴自然保护区、中国摄影家协会创作基地、儒道佛文化名山、中国城市第一媒体旅游联盟举办“首届中国旅游品牌景区”总评榜当选“2011年中国最具实力景区”。相传此地是因为炎帝神农氏在这里辨五谷、尝百草、设坛祭天而得名。

景区西北23公里的太行山麓，共有八大景区136个景点。主峰紫金顶海拔1028米，矗立中天，气势雄浑，三大天门较泰山早154年。这里不仅是炎帝登坛祭天的圣地，也是道教创始人老子筑炉炼丹、成道仙升之所。景区内有紫金顶、龙首台、龙脊长城、桃花溪、龙子门、一线天、太平摩崖石刻、云阳寺、清静宫等景观，还拥有太行山麓数量最多的国家二类珍稀野生动物——太行猕猴。猕猴们群居于景区的悬崖之上，欢腾跳跃于丛林之间，或相互追赶打闹或与游人嬉戏逗乐，憨态可掬，为神农山平添了无限灵气，也为游客增添了无数欢声笑语。

赵寨村村内有村民经营的农家乐，可就近安排食宿。

养子沟村

YANG ZI GOU CUN

门　　票：0元。

交通路线：洛阳市栾川县城东5公里处，可驾车前往。

养子沟村传说因唐朝巾帼英雄樊梨花在此安营扎寨、养子、教子而得名。位于栾川县城东5公里处，距洛栾快速通道3公里，距洛阳市142公里，东临平顶山，西临三门峡，南依南阳，北连洛阳。

在景区观光、游览步道平缓老少皆宜。现在的养子沟村“樊梨花”载体，以“母子亲情”为突破口，把养子沟村打造成“中原感恩母亲第一沟”，文化地标——大爱广场、樊梨花祠堂、母亲养生园、梨花母子娱乐场、好儿男习武场、旅游商品交易市场等，是游客休闲度假、回归自然的理想去处。

重渡沟村

CHONG DU GOU CUN

门　　票：90元。

交通路线：位于洛阳市的西南118公里的栾川县境内，潭头镇重渡沟村。

重渡沟村水源丰沛、竹茂林密、植被良好，森林覆盖率达到95%以上。依托丰富的旅游资源，重渡沟村大力发展乡村旅游，成功开发了重渡沟景区，使千百年来“养在深闺人未识”的重渡美景展现在游客面前。

重渡沟自然风景区凭借“水清、竹多、落差大”这些自然优势和“茶文化、竹文化、水文化、农耕文化”的有机融合，让游客享受不尽乡村漂流的浪漫和情趣，领略到重渡沟生态旅游和乡村旅游的别样风光。景区内林茂草丰，雉飞鹿鸣，四季泉水喷涌，常年飞瀑成群，翠竹碧水交织，肥鸭壮鹅嬉戏，水乡特色浓郁，堪称“北国一绝”。被著名作家张一弓赞为“高峡飞瀑藏幽径，绿水秀竹怀古情；竖看山水横看竹，上听鸟语下听泉”。

重渡沟是一个娱乐的天堂，有滑道、滑索、滑草及各种野外拓展训练设施。重渡沟漂流以激流勇进启漂而独具特色，惊险刺激，与众不同。还有水上跑步球、水上跳跳床、碰碰船、游艇、垂钓等适于各种消费群体的花样繁多的水上娱乐项目。

走进返朴历史百年、归真农家田园的农耕民俗文化村，吃的喝的用的种的，都是土得掉渣的；穿的玩的干的看的，全是百十年前的。可参与打铁、榨油、制作陶器；纺棉、织布、扶犁试耕；看狮舞、品老酒、尝水磨豆腐；旋木器、打草鞋、学持械狩猎，尽享民俗风情。夜晚观农家灯火，坐木凳，哼小曲，赏山月，听蛙鸣，不是神仙，胜似神仙。

车云山村

CHE YUN SHAN CUN

门　　票：0元。

交通路线：位于信阳市浉河区，距信阳市区约40公里。

车云山村隶属于董家河乡管辖，坐落于桐柏山脉之上，海拔578.9米。北与吴家店镇相邻，西与湖北省广水市接壤，东南紧靠本乡驼店、河口村。以车云为龙头的董家河乡全为种茶专业村；信阳市两大茶叶加工基地均在车云。

车云山是全国十大名茶信阳毛尖的发祥地，也是久负盛名的茶叶生产专业村。位于千佛塔附近的“清代百年茶园”约300亩，20世纪50年代种植的几百棵枝马尾松镶嵌其中，形成独特的“茶林结合”，所产信阳毛尖是上等的生态茶，为毛尖精品。作为唐武则天时期的贡茶之一，1915年代表信阳毛尖荣获巴拿马万国博览会金奖，以及1956年寄给毛主席的信阳毛尖

均产于此茶园，是河南省独有的茶叶品牌。位于南湾湖的上游地区，是南湾湖风景区的五大浏览区之一。

车云山村所在的信阳市山水秀丽，有着“北国江南”“江南北国”的美名，信阳盛产茶叶，信阳因茶而美，因茶而扬名，茶叶已是信阳的灵魂里不可或缺的部分。自古“高山云雾出好茶”，在中国种植茶叶面积最大的信阳浉河区，车云、集云、云雾、天云、连云群峦叠翠，溪流纵横，云雾弥漫，所产的茶叶品质名扬全国，尤其是车云山茶有“贡茶”之称，在信阳很早就有“浉河中心水，车云顶上茶”的说法。

愚公村

YU GONG CUN

门　　票：0元。

王屋山风景区门票：65元。

交通路线：S312济部公路穿村而过，交通便利。

愚公村隶属于济源市王屋镇，位于济源市西北部，地处王屋山南麓，距离济源市40公里，距离洛阳60公里。《愚公移山》中所载的“太行、王屋二山，方七百里，高万仞，本在冀州之南，河阳之北”指的就是愚公村的所在，居民主要收入来源是林果、旅游服务业。愚公村是王屋山风景区重要组成部分，愚公故居、阳台宫、景区入口服务中心等重要景点和建筑都位于愚公村境内，是王屋山景区游客接待服务核心、“道教文化”和“愚公精神”展示体验地。2009年，风景区接待游客近10万人次，旅游综合收入近500万元。近年来，愚公村依托景区，经营乡村旅馆、旅游纪念品，从事旅游交通运输，旅游产业取得一定的发展。

王屋山风景区即位于愚公村附近，东依太行，西接中条，北连太岳，南临黄河，是中国九大古代名山之一，也是道教十大洞天之首，道教主流全真派圣地。王屋山的总体地貌分为中山、低山、丘陵、盆地和平原五部

分，山区起伏多变的远峰近峦、险峻恢宏的悬崖峭壁、深邃幽静的沟谷溪潭、各种动态的飞瀑走泉，在低山、丘陵的衬托下，有时像琵琶遮面，雄伟中又不失几分朦胧与神秘；而它与开阔、规则、整齐、坦荡的平川田园风光则形成了鲜明的对比，总体特征表现为统一中有变化、变化中有统一，节奏感强，颇富诗的旋律、画的韵味。它的航测鸟瞰效果为明暗对比强烈，阴阳交替复杂；肌理清晰，立体轮廓明显；旷中有奥，奥中有旷，旷奥兼具，具有很高的美学价值。

潜口村

QIAN KOU CUN

门　　票：潜口民宅门票60元。

交通情况：1. 黄山市汽车客运总站（黄山市屯溪区齐云大道31号，也叫屯溪汽车站）坐直达潜口民宅的汽车，每天8:00、10:00、14:00、16:00发车。

2. 从黄山市市区出发，乘到岩寺的小巴车，再乘岩寺到潜口民宅的小巴车（4元）或打的士（35元）到潜口民宅，进入景区游玩，大约三个小时可乘车返回市区。

潜口村位于安徽黄山市岩寺镇，南宋名将宗泽、东晋陶渊明曾隐居在此。建筑以民宅著称，号称“明代民宅建筑博物馆”。有三幢古祠，四幢民居，石拱桥、石牌坊、凉亭各一座。现建为潜口民宅博物馆。1988年元月被国务院公布为全国重点文物保护单位。古建筑专家单士元先生有“观皇宫去北京，看民宅到潜口”的评价。

来到潜口村，走过古祠、拱桥、牌坊、凉亭，欣赏掩映在青山绿水、香花烂漫之间的粉墙黛瓦，聆听隐藏其中的传奇故事。

卢村

LU CUN

门　　票：50元。

开放时间：卢村全天开放，内部小景点8:00-17:00。

交通情况：在宏村村口搭乘当地摩托车前往，几元即可，自行议价。

卢村，又名雉山村，位于安徽省黄山市黟县，建于南唐末年，至今已有一千多年的历史。卢村的古民居群是清朝道光年间卢帮燮所建。最具特色的是能够体现徽派民居精华的木雕楼，主要集中在思济堂、思成堂、志诚堂等七家宅院。整座木雕楼群采用混雕、线雕、隐雕等精湛工艺雕刻而成，木楼上栩栩如生的人物、动物等各类造型，由2名工匠花费近20年的时间精雕细刻而成，被誉为“徽州木雕第一楼”，折射出古代艺人娴熟的技艺及超凡的智慧。

曾经引起很大反响的黄梅剧《徽州女人》，就是以木雕楼为场景而搬上舞台的。2002年著名电影演员斯琴高娃因主演《走出蓝水河》而来到卢村，并成为卢村“荣誉村民”。

唐模村

TANG MO CUN

门　　票： 80元。

开放时间： 7:30-17:30。

交通情况： 从合肥绕城高速公路，沿着铜陵/福州/安庆/G3方向进入京台高速，沿铜陵/黄山/福州/九华山方向至徽州区/歙县出口靠右进入X010，沿着X010行驶2.9公里，稍向左转即可抵达唐模景区。

在安徽歙县棠樾牌坊群西约5公里处，有一个古村落唐模村，那里不仅有著名的徽派建筑，还有独具特色的“山乡西湖”。

唐模村原为歙县所辖，现属徽州区（原歙县西乡），是唐朝越国公汪华的太曾祖父叔举创建的。它始建于唐，培育于宋、元，盛于明、清。历史上因经济活跃、民风淳朴而被誉为“唐朝模范村”，是徽州历史悠久、人文积淀深厚的文明古村，拥有人文特色和古园林特色，有“中国水口园林第一村”美誉。村内风景秀丽，檀干溪穿村而过，全村夹岸而居，村内以其千年古樟之茂，中街流水之美，“十桥九貌”之胜及“一村三翰林”之誉而闻名中外。

“坎坎伐檀兮，置之河之干兮，河水清且涟猗。”这是《诗经·伐檀》中的诗句。建于清初有“小西湖”之称的“檀干园”就是取其意而命名的。据介绍，该园是村中一位许氏富商为孝敬老母亲投入巨资兴建的。该园模拟杭州西湖景致，亭台楼阁、水榭拱桥点缀其间，湖堤檀木茂密，湖面波光水影，远眺山色空蒙，近赏美不胜收。

流连园中，仿佛漫步于江南园林，竟然忘却了这是位于皖南山村。那曾经砍伐檀木的“坎坎”之声虽已飘然远去，但眼前极具古典风韵的园林却处处诗意盎然。

南屏村

NAN PING CUN

门　　票： 40元。

交通情况： 合肥出发走S103到达黄山市，沿宏儒公路到达宏村，再到县城，沿S218省道进入县道029，行驶大约2000米可以看到南屏景区交通提示牌。

南屏村位于黟县西南，是一座有千年历史、规模宏大的古村落，至今仍保留着八座古祠堂、数百幢明清时期的古建筑。“奎光堂”“叙秩堂”等祠堂结构庞大、气势恢宏；“慎思堂”“冰凌阁”等民居端庄典雅、风格各异；水口“万松林”古树参天、古桥静卧；72条古苍纵横向联合交错于高墙深院之间，如同迷宫，充满神秘色彩。

南屏村最具特色的建筑应属祠堂群。南屏至今还保留着8座祠堂，大多坐落在村前横店街长约200米的一条中轴线。宗祠规模宏伟，家祠小巧玲珑，形成一个风格古雅颇具神秘色彩的祠堂群。

南屏村独特的人文气息和艺术魅力吸引了众多影视界名人和中外游客前来选景拍戏、参观游览。虽然没有西递宏村的名气，却有着难得的静谧，似无声地述说着一段徽商往事。如果你是一个电影迷，一定可以邂逅似曾相识的画面，序秩堂是张艺谋拍《菊豆》的地方，叶氏支祠是李安拍《卧虎藏龙》的地方。

柿木汰村

SHI MU TAI CUN

门　　票： 0元。

交通情况： 柿木汰村2013年才通了一条很窄的水泥路，没有通公共汽车。

安徽皖南黄山脚下的歙县霞坑镇柿木汰村是全镇海拔最高的村落，是拍摄古村落、山景的绝好地点，也是保存完好的皖南古山村。

“一生痴绝处，无梦到徽州。”徽风、徽韵、徽文化的人文诱惑，是吸引现代人去皖南旅游的重要原因。在皖南旅游，不仅可以饱览沿途秀丽的山川景色、画里乡村的自然美，也可以欣赏“青砖小瓦马头墙”徽派古建筑的宗祠和古民居，众多的人文景观和文史传说。柿木汰村是该地区少数尚未被商业侵

袭、保存完好的山村。“前世不修，生在徽州；十三四岁，往外一丢。”古徽州由于地窄人稠、山路崎岖，人们生存艰难，要向外部世界拓展生机，这也养成了徽州人远赴异乡、奋斗商场的传统。来往柿木汰村，我们可以体验当年交通不发达、徽州人一步一个脚印从深山老林里用双脚走出一条条古道，走向全国的场景。时至今日，柿木汰的村民还耕作在山区古道上。

一旦到达柿木汰，你会发现来到了一个“世外桃源”。这里春夏秋冬，都有风景；东西南北，都是风景。站在古道上，放眼四顾，层峦叠嶂、万峰绵延；古道曲折、蜿蜒散落；梯田层叠，炊烟四起。若是春天来这儿，漫山遍野盛开着的油菜花，游人行走在花的海洋里！若是秋天来到这里，银杏繁茂，叶子金黄，也是拍摄秋景和黄山贡菊的好去处。行走在古道上，身处深山老林，人们可以切实感受到八山一水半分田半分道路的徽州特色，感受到尽可能开垦每一寸土地、见缝插针地种植的艰辛。

柿木汰民风朴实，这里的农家，打个招呼就让你进去了。随着旅游的发展，村民也可以提供食宿，并出售土特产。

宏村

HONG CUN

门　　票：104元。

开放时间：7:30-17:30。

交通情况：交通发达，省道S218线纵贯宏村南北，宏儒公路横穿东西。

宏村又名泓村，位于安徽省黟县东北部，始建于南宋，至今已有八百余年历史。宏村的特点，一是徽派建筑村落的代表之一，宏村是世界文化遗产地，二是宏村是典型的皖南水乡古村庄，风景秀美。

宏村选址、布局、美景都和水有着直接的关系，是一座经过严谨规划的古村落。汪氏家族开发宏村之初，凿清泉以为池塘，引西溪水为补充，扩大为“月沼”，通过二个出水口，建成纵横交织，长共1300余米的上水圳和下水圳，通向村子里的家家户户，水圳的水经过使用之后，全部汇聚到村南，被称为“牛肚”的南湖。村内外人工水系的规划设计相当精致巧妙，被中外建筑专家称为“中国传统的一颗明珠”“研究中国古代水利史的活教材”。

徽州古建筑指的是徽州（今安徽黄山市、绩溪县及江西婺源县）地区特有的蕴含着深厚的地域特征、凝结着徽州文化的特色古建筑。它的工艺特征和造型风格主要体现在民居、祠庙、牌坊和园林等建筑实物中。在徽州地区现至今尚有大量徽派古建遗存，散落在徽州1000多个大大小小的村落中。宏村的古建筑基本保存完好，村口建有睢阳亭，作为入村标志性建筑。村子里有享有“中国木雕第一楼”之誉的宏村木雕楼，还有乐叙堂、太子庙、正义堂等祠堂、庙宇。

纯粹欣赏美景，宏村也是极好的去处。在清晨和傍晚时分，宏村都美不胜收，令人如梦如醉。三月，有着“中国画里乡村”之称的安徽省黟县宏村大片油菜花盛开，风景如画，吸引众多艺术专业学生前来写生。村子就变成了“画家村”。进入四月，村民抓住天气晴好时机晾晒“徽州火

腿”。晒制时将整只火腿一字排开晾晒在房前屋后的竹木晒架上，晒干后的火腿油光剔透，香气扑鼻，便于长期储藏。到了冬天降雪时节，粉墙黛瓦的徽派古民居银装素裹、洁白剔透，宛如一幅淡妆素雅的水墨画。

“青山绿水本无价，白墙黑瓦别有情。”居民在景区内生活是宏村的一个特点，这不但对传承当地风俗、文化有着重要意义，对宏村古建筑本身的保护也起到了重要作用。宏村以其秀丽的山水风貌、特色的徽派建筑以及当地居民生活构成了一种活的完整皖南古村落生态风貌，每年吸引大量海内外游客前来游览。村里的客栈都各具特色，消费便利。同时，村子近年也屡遭开发过度、商业气息过浓的质疑。

黄村

HUANG CUN

门　　票：0元。

交通情况：适合自驾游。

黄村位于休宁县城南15公里处，历史悠久，是黄山市典型的千年徽派古村落，建于明嘉靖年间的进士第、中宪第、黄村小学、月池塘等徽派古建筑保存完好。村内居民以黄姓为主，至今保留古朴的民风民俗，人文底蕴深厚，因一座古民居“荫馀堂”漂洋过海落户美国波士顿而享誉洲内外。

荫余堂于嘉庆年间由黄姓富商建盖，先后有八代黄家子孙居住，占地

4500平方米，是一栋峡谷层楼、四水归堂的开井院落，内有16间卧室、中堂、贮藏室、天井、鱼池、马头墙，富有典型的徽州民宅建筑特色。

黄村环境幽雅、建筑巧妙，民居、小桥、流水错落有致。远远望去，数十幢粉墙黛瓦的明清古建筑飞檐翘角，线条分明，徽风古韵迷人。而雪后的黄村民居，更显徽派建筑厚朴典雅的独特韵味。

西递村

XI DI CUN

门　　票：104元。

开放时间：7:30-18:00。

交通情况：交通发达，黟县至西递公交车循环发班，15分钟一班。

西递村距黟县县城约7公里。旧称西溪，取村中三条溪水东向西流之意，后因村之3华里处为徽州府西古驿过道，设有“铺递所”而改称西递。

西递村的旅游，一是流连明清古建筑，二是体会皖南农村的浓郁民俗。村落以一条纵向的街道和两条沿溪的道路为主要骨架，构成以东向为主、向南北延伸的村落街巷系统。

西递古村落的整体布局、环境建筑风格等方面完好地保存了明清时期的古朴风貌。全村有14-19世纪祠堂3幢、牌坊1座、保存完好的明清古民居建筑124幢，几乎全都是全国重点文物保护单位。这些徽派建筑错落有致，砖、木、石雕点缀其间，大量的砖、木、石雕等艺术佳作点缀其间。其中著名的有凌云阁、胡文光刺史牌坊、瑞玉庭、桃李园、东园、西园、大夫第、敬爱堂、履福堂等。距西递村约1公里处有西递水口，始建于北宋皇佑年间，至清乾隆年间形成较为完整的水口园林体系。先后建有凝瑞庵、凤台山、环抱桥、荷花池等建筑。现经过修复，遗址风貌体现江南园林的秀美，又不失富贵。

村内民宅密集，村里所有街巷均以黟县青石铺地，村落空间变化韵味有致，建筑色调朴素淡雅，深具皖南特色，典雅、朴实而秀丽。随处可见的马头墙，墙面层层跌落，形成完整的封火山墙系统，白墙黑瓦，表现出高雅深邃的静谧情怀。

西递村有后边溪民俗街，还推出“抛绣球”、传统婚庆习俗展示等民俗展示活动，成为当地旅游的新亮点，吸引众多游客观看和参与。当地旅游发达，住宿便捷，消费便利，土特产和美食有腊八粥、石头馃、炒螺蛳、徽州馃、腐乳爆肉、腌鲜鳜鱼、山核桃、三潭枇杷、毛豆腐、西递翠眉等。

塔川村

TA CHUAN CUN

门　　票：20元。

开放时间：7:30-17:30。

交通情况：从宏村沿宏儒（宏泗）公路往黄山风景区南大门方向步行约3公里，约0.5小时即可到达；或在宏村村口处租电动三轮车前往塔川，车费约10元。

塔川村位于皖南山区的安徽省黟县，有“中国画里乡村”之称。深秋时节，树木、田野和村庄构成风景如画、独具特色的秋景。

11月中旬是这里最佳的赏秋时间，马头墙的徽派民宅掩映在红叶黄叶色彩斑斓的秋色里，美轮美奂。树叶由青绿色逐渐变成黄色、红色、橙色，还有黑瓦白墙灰土构成的屋舍，色彩绚丽的树木与徽州古村落交相辉映，有如仙境。塔川田园山里的灵气和古村落人的朴实，被摄影人称为“快门杀手”，随便一张秋景都美到醉人心。

冬日清晨的塔川村，晨雾缥缈，色彩迷人，水面雾气腾腾，云蒸霞蔚，错落有致的徽派古民居掩映在色彩斑斓之中，如诗如画，宛如仙境。来到该村，也许还能观赏到古村落暴雨过后罕见的“瀑布流云”，“流云”从群峰的山坳中倾泻涌出，延绵不绝，座座山峰若隐若现，蔚为壮观。

棠樾村

TANG YUE CUN

门　　票：棠樾村门票130元，包含棠樾牌坊群和鲍家花园。

开放时间：7:30~17:30。

交通情况：在歙县乘2路公交车可到达棠樾村。

棠樾村位于歙县县城西边6公里处，村头大道上井然有序地排列着七座牌坊，以忠、孝、节、义等顺序依次排列，非常雄伟壮观。其中五座三间四柱冲天牌坊为清代所建，两座三间四柱三楼牌坊为明代所建。这组牌坊并非设置在一条直线上，而是沿路逐渐弯曲，中间还设置了一个路亭。牌坊为棠樾鲍氏家族旌表本族历史上卓著功德人物的建筑物，粗壮简朴，表现出徽派的石雕风格，在皖南的石牌坊中，以棠樾村牌坊群最为著名。乾隆下江南时曾赞誉棠樾村“慈孝天下无双里，衮绣江南第一乡”。

清明时节，是棠樾村油菜花的盛花期，游客们纷纷前来踏春赏花。金黄色的“花海”和古老的徽派建筑构成了一幅美丽的乡村画卷。

二龙街

ER LONG JIE

门　　票： 八景套票：120元/人（包含杨振宁故居、刘同兴隆庄、鹤庐、孙立人故居、国粹楼、根雕馆、仙姑楼、古娱坊）；四景联票：70元/人（包含杨振宁旧居、刘同兴隆庄、鹤庐、孙立人故居）。

交通情况： 合肥汽车客运南站（合肥南门换乘中心）坐到三河镇的长途汽车，6:00-17:30，每隔20分钟一班，车票12元，车程约1小时，节假日道路上车流量较大，车程可能需要2小时。到达三河汽车客运站后，向西南走，步行约10分钟即到三河古镇中心的三县桥。

位于巢湖岸边的安徽省肥西县三河镇二龙街拥有2500多年的历史，依托水乡古镇，形成了古街、古巷、古桥、古城墙、古庙宇、古戏台、古民居、古茶楼等“八古”独特景观，是典型的“小桥流水人家”，历史上既是兵家必争之地，又是商家云集之地。

三河古名“鹊渚”，最早为巢湖的一座鸟岛，经千年水流冲击积淀成为

巢湖岸边的陆地，后因丰乐河、杭埠河、小南河三条河流贯穿其间而得名。古镇上有10街26巷，明清建筑尚存180余处，是“中国历史文化名镇”。古街道都较为狭窄，均由一块块光滑的青石板铺成，两旁的青砖小瓦民居布满岁月的痕迹，家家户户的门头上都挂着油纸灯笼，古色古香，仿佛诉说着久远的故事。

镇内有一个二龙街社区，相传1000多年前赵匡胤、赵光义兄弟在此避难，此后二人先后做了皇帝，当地便留下了“二龙桥”“二龙街”“黄水井”“黄道”等传说。这里保留下来的连片古民居，飞檐翘角，雕梁画栋，是江淮地区少见的晚清建筑群。白色的马头墙，小青瓦覆盖的双坡屋顶，梁檩椽柱上的雕花彩绘以及黑漆鎏金的各类招牌匾额，无不透溢浓郁的古风神韵，仿佛一幅清明上河图呈现在眼前，让人联想起鼎盛繁荣的徽商时代。

近年来，三河镇发挥其独特的“八古”水乡优势，整个古镇成为国家4A旅游景区。二龙街也已成为旅游景区，游人如织。除了晚清建筑和美食街，二龙街辖内还有一座桃花岛，三四月桃花盛开的时候，岸上花朵红艳，水里花影摇曳，美景令人流连忘返。

作为千年古村落，二龙街流传下来的民俗绝技也有不少，“二龙盘珠”就是其中的佼佼者。自南宋至今，每年春节或二月初二，三河地区都有大型龙灯“二龙盘珠”在民间演出。《小辞店》是庐剧的经典剧目之一，唱的正是明末清初发生在二龙街的一个流传百年的真实故事，令人心生亲切感。

陆巷

LU XIANG

陆巷村门票：50元。

惠和堂门票：20元。

交通情况：陆巷交通方便，苏州城区、东山镇和陆巷之间有多路公交车往返。公路质量较好，适合自驾游。此外，东山镇有往返于各景点的黄包车，起步费5元。

陆巷古村的历史可上溯至南宋，距今已有千年。古村位于苏州市东山镇，背山面湖，村内明清高堂巨宅鳞次栉比，至今保存完好的明清建筑有30余处，是苏南地区古建筑群中数量最多、质量较高、保存较为完好的一个村庄，有着“太湖第一古村落”的美誉。

关于“陆巷”村的得名，主要有两种说法。第一是因水巷得名，村中有六条直达太湖的巷弄。第二是因姓氏得名，陆巷古村是明代正德年间宰相王鏊的故里。王鏊母亲姓陆，其村因此得名。也有传说，本村是三国名将陆逊的产业，所以得名“陆巷”。

陆巷古村名人辈出，明代陆巷人王鏊曾连捷解元、会元、探花，其门人唐伯虎称他为“海内文章第一，山中宰相无双”。村子现存数百米明代石板古街上，保存有“解元”“会元”“一品探花”三座古牌坊。村内景点围绕古街展开。在古巷长弄，有明代所建的遂高堂、会老堂、晚三堂、熙春堂、双桂堂、明代古井等古迹三十余处。其中最著名的是王鏊故居惠和堂。惠和堂规模宏大，共五进，纵向三路，是古时官宦宅第建筑的代表。此外，村子边缘有明代大学士、著名词人叶梦得故居宝俭堂。宝俭堂以水池为中心，围有亭阁轩庭，山石花木，是苏州古典园林以少胜多的范例。

陆巷的后山漫山遍野都是橘树，是电视剧《橘子红了》的主要外景地。此外，《小城之春》《摇啊摇，摇到外婆桥》《小城之春》《一江春水向东流》《画魂》等数百部影视剧都曾在陆巷取景。后山还盛产江南名茶“碧螺春”。站在山顶，置身在茶树丛中，可俯视太湖景色。

明月湾

MING YUE WAN

门　　票：50元。

交通情况：明月湾交通便利，有多条公交线路与苏州城区、金庭镇相连，且邻近高速，适合自驾游。温馨提示，沿途风景秀丽，切勿因贪图美景而违章停车。

明月湾村，隶属吴中区金庭镇，位于江苏省苏州市太湖西山岛南端，传说春秋时期吴王夫差携美女西施在此共赏明月，故而得名，村中现存西施画眉池。

这个有着千年历史的古村，至今

仍保留着原始风貌：村口1200多年树龄的古樟树枝繁叶茂，乾隆年间的石板街沧桑厚重，粉墙黛瓦的明清古宅别具韵味……目前，村内保存有明清建筑20余处，面积约20000平方米。清代明月湾商贸兴盛，达到了顶峰。村内古建筑多数建于清乾隆年间。这些宅第和祠堂，有精致典雅的砖雕、木雕、石雕，建筑极富地方特色。

明月湾村有两条东西走向的平行主街道，现存石板街超过千米，两街之间有多条横巷，纵横交叉，井然有序，居民称之为棋盘街。街面均以花岗岩条石铺设，下为沟渠，有“明湾石板街，雨后穿绣鞋”的民谚。明月湾村还有河埠、码头等公用建筑。码头建于清代，晚上可以来码头赏月太湖、兼怀古人。

明月湾依山傍湖，三面群山环绕，终年葱绿苍翠，街道两旁多明清建筑，高低错落，斑驳苍古，深得桃花源意境。居民多种植花果、碧螺春茶，和以太湖捕捞、养殖为业。村子终年苍翠，山水相依，得湖山之胜，一年四季都适合前来旅游。古村落的农家乐较多，可以免费停车。

石墙围村

SHI QIANG WEI CUN

门　　票：0元。

交通情况：从高淳桠溪客运站打车前往。

被世界慢城组织授予“慢城”称号的江苏南京高淳区桠溪镇，经过几年的不断建设，镇内石墙围村今年9月被评为首批“长三角最美乡村”。为深化美丽乡村建设成果，当天，当地供电公司工人对石墙围村架空电缆进行入地，进一步扮靓国际慢城的天空。

据说在隋唐时期，有一价姓人氏避乱逃难至此，看到这里古树参天，三面环山，视野开阔，土地肥沃，于是就定居下来。价氏在这儿开荒拓地，种植庄稼，饲养牲畜，繁衍后代。几年下来，屋前房后，花果飘香，

鸡鸭成群，价氏人家过上了殷实富裕的田园生活。然而好景不长，由于人勤财旺、远近闻名，招致盗贼抢劫，引来一场又一场灾难。于是价氏就用砖石砌成围墙，留四门出入，居家青砖黛瓦，雕龙画凤，挑檐翘角，既美观村庄，又起到防护作用。石墙围方圆百里声名鹊起。石墙围休闲村位于慢城西北部，是“国际慢城”一大特色景区，村庄周边山水相融、景色秀丽。村边有中博影视基地，周边千亩向日葵、千亩茶园、千亩油菜田，特色农业彰显；大山水库、文峰宝塔、情深路、大竹园名胜景观丰富，是桠溪慢城最具山水风情的乡村。

傅家边村

FU JIA BIAN CUN

门　　票：0元。

交通情况：在洪蓝站乘坐溧水11路在洪蓝客运站下车后步行前往。

傅家边村位于南京市溧水区洪蓝镇东南面，傅家边村基础设施完善，山清水秀，自然环境优良。

近年来，傅家边村立足资源优势，全力推进农业结构调整，大力发展林果业和大棚草莓等设施农业，建成了万亩梅园、千亩桃园、千亩梨园、千亩茶园、五千亩草莓园等一批精品农业科技示范基地，走出了一条发挥资源优势、发展特色产业、多渠道促进农民增收的康庄大道。南京市“梅花节”、全国第五届草莓文化节、第七届世界草莓大会溧水分会场、全国第二届乡村旅游节等先后在傅家边举办，每年前来观光、旅游、采摘者多

达60多万人次，极大地带动了当地“农家乐”和农产品销售的发展。

傅家边村先后荣获全国绿化先进单位、江苏省生态村、江苏省民主法制示范村、江苏省卫生村、南京市安全文明村、建设新南京有功单位和南京市先进基层党组织等光荣称号。2012年获评“江苏最美乡村”。

严家桥村

YAN JIA QIAO CUN

门　　票：0元。

交通情况：无锡汽车客运站乘坐715路专线到严家桥牌坊站下车。

严家桥村地处锡、澄、虞交界处，是二十世纪二三十年代无锡著名的米码头、布码头、书码头和医药码头，是锡剧的发源地、无锡望族唐氏发迹之地，有享誉江南地区的唐仓厅；也是明代著名文学家唐顺之后裔居住地。古镇距今已有700多年历史，记录着江南水乡文化发展的点点滴滴。2009年，严家桥古镇被江苏省政府批准为第4批省级历史文化名村。

近年来，无锡锡山区羊尖镇政府坚持保护与开

发并举，擦亮严家桥古镇“文化名片”，努力打响“唐氏故里、锡剧之源、田园水乡”的特色品牌。为此，该镇与东南大学合作，于前年编制完成了古镇保护开发方案。据了解，目前，羊尖镇政府已累计投入500多万元，用于古镇的修复整治工作，永兴河二期驳岸、景溪亭、百米长廊、唐氏民族工商业陈列馆、锡剧纪念馆等项目相继建成。

严家桥一直被认为是“华东三大剧种”之一——锡剧的发源地。据介绍，严家桥至今保留着锡剧史上的几个“第一”。锡剧初名滩簧，由吴歌小调演变成为滩簧，最早就发源于严家桥一带农村。锡剧由民间自娱自乐形式逐渐转化为商业性演出，也是从严家桥发端。与此同时，严家桥还出了锡剧史上的三位名人：锡剧史上第一个剧作家——严廷初就是严家桥的落第秀才；出生在严家桥巷门头舍上的袁仁仪，被称作“锡剧进上海第一人”；锡剧史上最早的滩簧女艺人青宝姑娘也是严家桥人。有了这么多锡剧史上的“第一”，严家桥“锡剧第一村”的历史及其人文资源算得上相当丰厚了。据介绍，目前严家桥正准备建造一个约500平方米的锡剧博物馆，介绍严家桥的戏剧历史，并设置一个小型戏台，让锡剧在严家桥流传下去，将锡剧打造成严家桥的一张“人文名片”。

华西村

HUA XI CUN

门　　票： 150元。

开放时间： 7:00-17:00。

交通情况： 从无锡汽车站或江阴汽车站可搭乘前往华士镇的汽车。江阴306路华西河鲜馆、马家桥等站下。江阴205路华西河鲜馆、华西双桥、华西菜场站下。

华西村隶属江苏省江阴市华士镇，位于江阴市区东，华士镇西。从2001年开始，华西通过“一分五统”的方式，组成了一个“有青山、有湖面、有

高速公路，有航道、有隧道、有直升机场”的乡村。华西村有名的景点有80多处，华西金塔是它的标志性建筑，7级17层，高98米。

华西村旗下华西集团1996年被农业部评定为全国大型一档乡镇企业，华西获得了“全国文明村镇”“全国文化典范村示范点”“全国乡镇企业思想政治工作先进单位”“全国乡镇企业先进企业”等荣誉称号，并被誉为“天下第一村”。

2012年11月28日，江苏华西村重要文化工程“华西村博物馆”建成开馆，首届华西文化艺术节同时开幕。华西村博物馆由1∶1复制的故宫太和殿、乾清宫、东华门、角楼和红墙等仿古建筑组成，总建筑面积1万平方米，馆内设书画馆、古陶瓷展区、工艺美术精品展区和文化艺术创作馆，珍藏、展示名家大师的字画、雕刻、玉器、瓷器、绣品、金属工艺品等万余件（套）。村里将以博物馆为依托开展系列文化活动，助推文化产业发展、“文化强村”建设，陶冶村民文化情操。

周村

ZHOU CUN

门　　票：98元。

开放时间：7:00—17:30。

交通情况：乘坐公交712路、755路至牛首山风景区下。

周村位于风景如画的牛首山西南麓，一片复古建筑群坐落于山下，道路平坦、绿树成荫、花香四溢，一个个农家乐特色土菜馆让节假日里前来踏青观光的游客流连忘返，这就是周村呈现给人们的一幅美丽画卷。现如今漫步在这里，仿佛让人回到了《桃花源记》中描绘的动人场景。

牛首山位于南京市江宁区，由牛首山，祖堂山，将军山，东、西天幕岭，隐龙山等诸多大小山组成。牛首山属于宁镇丘陵西段南支，山高248米，因山顶南北双峰似牛角而得名，《金陵览古》曰："遥望两峰争高，如牛角然。"

牛首山是中国佛教名山，文化底蕴深厚，是佛教牛头禅宗的开教处和发祥地。山周围有感应泉、虎跑泉、白龟池、兜率岩、文殊洞、辟支洞、含虚阁、地涌泉、饮马池等自然景观，及宏觉寺、弘觉寺塔、郑和墓和抗金故垒等人文景观。牛首山风景宜人，每岁届春金陵百姓倾城出游，故有"春牛首"之称。清乾隆年间"牛首烟岚"列入金陵四十八景中。

顾庄村

GU ZHUANG CUN

门　　票：0元。

交通情况：交通不便。

顾庄村，位于江苏省如皋市南郊。这里土壤肥沃、物产丰富；大明河、龙游河环绕花木之乡、204国道、如港公路贯穿顾庄村全境；这里交通便捷、环境优美，是花木经销、绿化造园最理想的选择。

早在明末清初，就开始探索花木生产、盆景创作技艺，形成以顾庄人为典型代表的"因树造型、素材与自然浑然一体"的如派盆景风格，顾庄花木闻名大江南北。

家家产花木、户户造盆景，是顾庄的特色农业。目前，全村拥有各类花卉苗木2380多万株，各

式盆景120多万盆。被江苏省人民政府评为“奔小康明星村”“江苏省文明单位”，并被定为“江苏省农村党员干部实用技术示范点”。

现有高级农艺师、高级经济师、助理农艺师数十人、创作了一批进入国际市场高品位的优秀盆景，在意大利、日本、荷兰等国际花卉盆景博览会上多次获奖。各类盆景远销东南亚及欧美等十几个国家和地区，绿化市场遍及国内二十几个省、市、自治区。苏州自然美园林建设有限公司拥有一支技术过硬的园林绿化工程建设专业队伍，华东花木销售广场，占地面积60多亩，为经销花木盆景提供了功能齐全的场所。公司将如皋盆景艺术与苏州园林文化二者有机结合，传承发展。

周庄

ZHOU ZHUANG

门　　票：100元，夜游80元。

开放时间：8:00-21:00。

交通情况：可以坐火车至上海、苏州或昆山，均有班车抵达周庄。

周庄，有“中国第一水乡”之誉，是国家首批5A级景区。周庄始建于1086年（北宋元祐元年），因邑人周迪功先生捐地修全福寺而得名。春秋时为吴王少子摇的封地，名为贞丰里。

周庄位于苏州昆山市，是江南六大古镇之一，于2003年被评为中国历史文化名镇。

周庄历史悠久，属典型的江南水乡风貌，有独特的人文景观，是中国水乡文化和吴地汉文化的瑰宝。

周庄60%以上的民居仍为明清建筑，仅0.47平方公里的古镇有近百座古典宅院和60多个砖雕门楼，周庄民居古风犹存，还保存了14座各具特色的古桥。景点有：沈万三故居、富安桥、双桥、沈厅、怪楼、周庄八景等。

周庄有摇橹游船数百条，在水巷中供游客乘坐。漫步河边，都会遇到

游船在河中行驶。乘船游客在波光粼粼的水面上优哉游哉，看古镇风光，听船娘吴歌小唱。

周庄的夜是美妙动人的，水巷的灯船更为古镇平添几分夜的神韵。夜晚，在沈厅对面的河埠头登上一艘游船，尽情欣赏富安桥楼里传来的江南丝竹声，聆听沿河人家窗户里传出的苏州评弹的琵琶叮咚声，游船七拐八弯地穿过许多拱形桥的桥洞，桥洞里都镶嵌着无数盏彩灯，把一座座千年古桥的倒影映在河面上。“灯光古桥泛船影”，这就是古镇之夜的神韵和魅力。

洋桥

YANG QIAO

门　　票： 0元。

交通情况： 乘坐地铁7号线，至美兰湖站下，然后换乘上浏线。

洋桥位于宝山区，边上有合兴村、合建村、沈家村、肖泾村，绿荫成林，空气好，历史悠久。主要农产品有大芋头、山霉、青豆、脆甜、洋菇、黄椒、羽衣甘蓝、四季豆、球芽甘蓝；村内资源有白云石、钴、镓、石墨。洋桥的边上是上海著名水库陈行水库。陈行水库紧靠长江边，位于中国上海市宝山区罗泾镇的东部长江江堤外侧。水库呈矩形，面积135万平方米。东傍新川沙河口，西连宝山湖（宝钢水库），是上海市主要取水口之一。新川沙河是洋桥一条较大的河流，长江水流经新川沙河后蜿蜒流入洋桥。当新川水闸打开时，很多野生鱼就会顺着水流游进新川沙河。如果沿着新川沙河前行，可以看到很多人在河边撒网捕鱼的情景。

白衣聚村

BAI YI JU CUN

门　　票： 0元。

交通情况： 地铁南团线曙光中学站下车后步行可至。

上海市奉贤区奉城镇白衣聚村是奉贤区一个自然村，与爱民村、百衣聚村、集贤村同乡，花团锦簇，历史悠久，山明水秀。主要农产品有葱、

小包菜、芜菁；村内资源有芒硝、钛、翡翠、方解石、滑石。

白衣聚村位于奉城镇中心区域东大门，近靠奉城镇政治经济、教育文化、医疗卫生、消费娱乐及金融服务聚合区，东西与洪庙村相连，南面靠近太平自然村，西面与城东村相邻，北面同北门村、奉城村接壤，村民出行十分便捷，白色路面家家连通，主干道南奉公路贯穿境内。

由于年轻人都纷纷外出工作，村里的大部分村民都是中老年人，所以农业种植还是保持着传统的方式，这也使得种出来的蔬菜保持着原汁原味。村里现在还保留了不少古老的建筑，市民可以借此了解民国年间的村落建筑风貌。另外还有一条建于20世纪50年代的浦南运河贯穿村庄，河里有丰富的鱼、龙虾、河蚌、田螺，天气好的时候，还可以看到一些村民在河边悠闲垂钓。

水库村

SHUI KU CUN

门　　票：0元。

交通情况：乘公交金漕线、石胡线至水库村站下。

水库村位于漕泾镇北偏西1.8公里，东与沙积村毗邻，南与金光村接壤，西以朱漕路为界，相邻阮巷村，北与奉贤区胡桥镇兴隆村为界。常住人口1620人。水库村水陆交通便捷，区域内水网密布，水域面积约占40%，全村有中心港、火车港等19条主要河流，共计23公里长，高速公路S4直通其境，离上海市中心约1小时车程。现有两委班子成员5名，助理1名。村内设有卫生

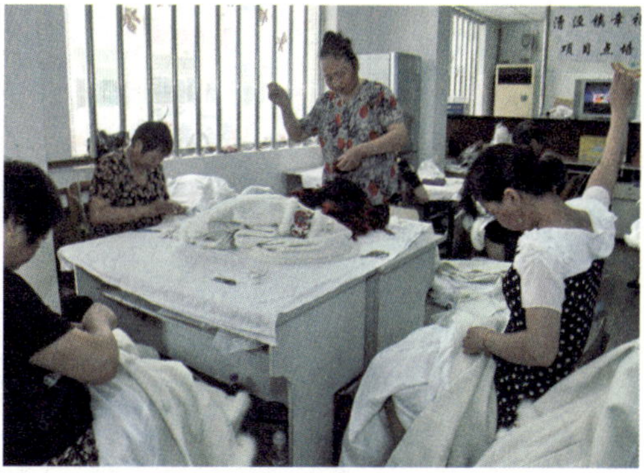

室、老年活动室、理发室和公共健身场所。

近年来，在积极抓好经济建设的同时，村两委还努力推进“三个文明”建设，营造良好的社会主义新风尚，村先后获上海市卫生村、平安小区、整洁村、健康村等荣誉称号。2010年荣获区民主法治村、市文明村荣誉称号。

红卫村

HONG WEI CUN

门　　票：0元。

交通情况：可乘公交74路、莘纪线至红卫村基地路大桥车站。

红卫村地处闵行区华漕镇中北部，东临吴淞江与嘉定区江桥镇隔江相望，西靠闵北工业区纪翟路贯穿村西部，区域面积两平方公里。红卫村原

名大桥大队，在近孙家宅横跨高淞塘，原有一座三塊石桥名“大桥”，故以桥为村名，在中国卫星上天后取“红色卫星”之义，改称红卫大队，1984年红卫大队改称红卫村。

近年来，伴随着农业的产业化发展，现代农业不仅具有生产性功能，还具有改善生态环境质量，为人们提供观光、休闲、度假的生活性功能，位于红卫村内的翠云馆就是华漕镇的一个重点农业旅游项目：依托自然优美的乡野风景，舒适宜人的清新气候，环保生态的绿色空间，兴建休闲、娱乐度假区域，满足游客回归自然、享受宁静安逸生活的消费需求。

中部地带的百树林，春季赏海棠、夏季拂垂柳、秋季观枫树、冬季识蜡梅，春夏秋冬总相宜；百果林位于北部地带，每逢金秋收获时节，游客可以采摘水果、品尝时鲜、认知花草、收获果实，感受种植的乐趣和艰辛，享受收获的喜悦；垂钓中心位于东部地带，主要养殖各类淡水鱼，游客可以在吊脚木屋里休憩，于碧水湖上泛舟，感受“倚栏凭风”的休闲自在。

如今，苏州河水源涵养林的生态效应越来越显著：红卫村周边的空气更清新，河道也清澈起来，在林间也许你会经常与喜鹊、白头翁、乌鸦、山雀、伯劳和野鸽等不期而遇，黄鼠狼、刺猬也时有发现，这里已然成为林木葳蕤、草木葱茏、碧波荡漾的“城市绿肺”。

岑卜村

CEN BU CUN

门　　票：0元。

交通情况：从上海芷江西路249号芷新长途客运站乘往平望的长途车在金泽下车，或从青浦汽车站乘青金线直达。

岑卜所在地金泽镇隶属上海青浦区，位于上海市青浦境域西南，是江、

浙两省进入上海的西大门，也是上海唯一与江苏省和浙江省交界的镇。

金泽镇有市级非物质文化遗产“商榻宣卷”和“商榻阿婆茶”。每逢农历三月二十八和九月初九的庙会是金泽的特色民俗风情。

金泽镇水陆交通便捷，是江、浙、沪的重要交通枢纽，资源丰富，有上海最大的淡水湖——淀山湖，是上海重要的水产供应基地。金泽镇有“一级空气二级水”之称。

岑卜村位于西岑社区西3公里处，村东以西旺港支航道南北贯通，村西紧靠金泽镇金姚村，北濒淀山湖，紧挨上海美蓓亚精密机电有限公司。一条3公里长的岑卜支路，西岑至永新的白色水泥马路穿村，蔡卜路南北贯通沪清平公路，水陆交通便捷。随着时代的发展、社会的进步，村民的生活发生了巨大的改变。

大裕村

DA YU CUN

门　　票：0元。

交通情况：乘坐马陆1路在大裕村站下车。

马陆镇，位于上海西北部，以葡萄闻名远近。全镇有10万人口，其中外来人员占六成。近年来，马陆镇以“工业立镇，三产兴镇”为和谐发展方向，通过建立健全农村社会保障网，改建改造原有城镇风貌，努力为外来人员营造良好的生活氛围，极大地提高和改善了村镇居民的生活品质和生活环境，树立了管理有序、服务完善、治安良好、环境优美、文明祥和的马陆新形象。

大裕村位于上海市嘉定区马陆镇东北部，东邻宝山区，北邻徐行镇，被列为上海市首批新农村建设示范点。马陆镇依托葡萄研究所，在大裕村成立马陆葡萄合作社，兴建葡萄主题公园，举办马陆葡萄节，出台惠农政策等一系列的措施，打造葡萄品牌，拓展葡萄产业链，带动百姓致富增收。近两年，大裕村还吸引了不少知名艺术家落户，建造工作室，把文化元素融入其中，使这片区域不仅仅是一个天然氧吧、一片城市绿洲，更成为文化产业的亮点。

瀛东村

YING DONG CUN

门　　票：东湖景区20元。

交通情况：乘坐公交陈白线至瀛东村下。

瀛东村是崇明岛第一个迎来日出的村庄，来过这里的人们很难想象，十几年前这里竟是“潮来一片白茫茫，潮退遍地芦苇荡”的荒凉之地。从1985年起，村党支部一班人率领全村干部和群众先后六次向荒滩进军，艰苦创业，奋勇拼搏，围垦滩田4000亩，在茫茫荒滩上崛起了一个富裕美丽的现代化海边小村。2013年7月瀛东村荣获上海市第二届“我喜爱的乡村”称号。

瀛东渔家乐妙趣横生：两只好斗的公鸡，一旦摆开了阵势，那勇猛不言败的样子叫人惊叹；经过训练的公羊一旦交上了锋，它们的韧劲和狠劲也让人对羊刮目相看；玩一玩男耕女织的游戏，坐在织布机前摆弄摆弄，拿起锄头挥舞挥舞；渔具馆也是免费对游人开放的，这是一批具有崇明历史文化、传统特色的捕捞器具。在人们只知鱼味美、不知捕鱼难的情况下了解各种各样的捕捞鱼蟹的器具，如一张有四万只网眼、四万只网结的亚麻大网展现在面前，这既是生产知识的享受，也是文化知识的享受；走上观鸟台可以高阁观鸟，东湖之畔有座人工堆垒的小山，山上茂林修竹，山坡青草常绿，引来了许多候鸟，尤其是成群的鸥鹭高翔低回。渔舟争渡，常常惊起一路鸥鹭。

这里的游乐项目多为水上活动，你可以坐上渔民捕鱼用的船绕东湖一周，怡然自得；也可以和三五好友一起奋力玩脚踏船，其乐融融；据说浑水摸鱼是最受游人喜爱的一项活动，脱掉鞋子，挽起裤子，踩进齐膝盖的水中徒手抓鱼，这种亲临水下的玩法，才叫过瘾；玩累了，坐进水上棋牌室喝茶聊天，打牌休憩。

在瀛东渔港，当地的渔家宴正等着你去品尝。这里的膳食以农家菜和海鲜为主，鲫鱼鲈鱼、花生扁豆、红薯芋艿……各个新鲜得不消说。还有特色荞麦圆子，那是过节的味道。地瓜粥南瓜粥，就是将地瓜或者南瓜切片煮烂，再拌进糯米一起煮，吃多了油腻的小菜之后来上一碗，香甜可口，心满意足。

张马村

ZHANG MA CUN

门　　票： 0元。

交通情况： 乘坐沪朱高速快线、沪朱专线、朱徐线等公交到朱家角站下车即可到达。

张马村坐落于繁华的国际大都市——上海的西南方向，在有“上海后花园”及“鱼米之乡”美称的青浦区区域内，是“江南古镇”朱家角的南大门。东南靠松江区的永丰村和泖口村，西邻练塘镇，上海太阳岛国际俱乐部位于村区域内，北与李庄村接壤，距朱家角镇6公里，A9高速公路、318国道5公里左右，水陆交通便捷，沈太路贯穿全村南北，拦路江和太浦河汇集于村西侧，沿拦路江涵养林500亩，绿树成荫，风景秀丽。

朱家角素有上海威尼斯、沪郊好莱坞之誉，又名珠街阁，雅称珠溪，俗称“角里”，原名朱家村。坐落于青浦区，东靠虹桥国际机场（30公

里），北连昆山，南接嘉兴，西通平望，“金色玉带”318国道横贯全镇，黄金水道漕港河穿镇而过，水陆交通便捷，风景优美，物产丰裕，是上海保存最完整的江南水乡古镇。1991年被上海市政府命名为四大历史文化名镇之一。

朱家角历史悠久，民风淳朴，文化积淀深厚，早在五千年前的良渚时期，就有人类活动；早在1700多年前的三国时期便已有村落集市；明朝万历年间已成为商贾云集、烟火千家的繁华集镇。现今仍可看到古色古香的明清时期街市、建筑和水乡。

泽国古朴的风土民情，放生桥、一线街、课植园、城隍庙、圆津禅院等众多名胜古迹，处处散发着浓郁的文化韵味。

悠久的历史文化，留下了众多的人文景观。“水木清华文儒辈出”，从清代金石学家、官至刑部右侍郎的王昶到上海申报的创始人席裕福，从御医陈莲舫到清末民初的著名通俗小说家陆士谔，从南社女诗人陆灵素到著名实业家蔡承烈，朱家角可谓钟灵毓秀、人才辈出。

海湾村

HAI WAN CUN

门　　票：杭州湾贝壳自然保护区：10元。
　　　　　包畹蓉中国京剧服饰艺术馆：10元。
交通情况：乘坐公交莘海线、海航线可直达。

海湾村地处上海市郊最南端，南邻海湾旅游区，北距区府驻地南桥镇不足5公里，东靠金汇港、西靠A4高速公路海湾旅游区入口，金海公路贯穿南北，便捷的交通网络构筑起海湾村发展的平台，海湾村总面积3.66平方公里。海湾村是2007年1月柘林镇第一批村区域管理调整时，由原西湾村和原奉海村合并成立的。

这里有名闻遐迩的“海湾国际风筝放飞场”，被誉为“风筝之乡”，

有国家4A级景区碧海金沙，有逶迤千米的滨海观光大道，有一流标准的棕榈滩高尔夫球场，有情趣高雅的马术俱乐部，有杭州湾独此一隅的天然铁板沙，有人才荟萃的大学园区，有上海最大的欧美风格海景别墅群，有上海第一个滨海索道滑水世界杯竞赛场，有上海最大的滨海音乐喷泉，有风格独特的东海观音寺，有上海最古老的清代水利保护文物华亭东石塘，有包畹蓉中国京剧服饰艺术馆和六小龄童艺术馆为代表的文化一条街以及壹号营地艺术区等。美轮美奂的景点，加之每年举行的传统品牌节庆活动，如风筝节、马术节、龙舟赛，以及“春天赶海、夏天闹海、秋天嬉海、冬天拜海”等，为海湾休闲旅游的氛围增添了浓郁的色彩。

近年来，海湾旅游区获得了诸多的荣誉，其中国家级的荣誉有：海湾女子民兵哨所获得了“全国三八红旗集体”、碧海金沙获得了国家4A级景区称号、海湾旅游区获得了“2013‘美丽中国’十佳海洋旅游目的地”称号等。

黄桥村

HUANG QIAO CUN

门　　票： 浦江源温泉农庄，周一–周五：168元（含温泉）；周六、周日：198元（含温泉）。

开放时间： 周二–周四13:00–20:00，周五–周日及节假日期间12:00–22:00，周一闭园。

交通情况： 坐地铁1号线到莲花路转公交莲浜线或莲枫线到泖港黄桥村下，沿黄桥中心路一直走到底即到达浦江源温泉农庄。

黄桥村地处同三高速西侧，南靠叶新公路，北枕黄浦江上游横潦泾，西至黄桥港。因地理位置在园泄泾、斜塘江和横潦泾交界处，即黄浦江的源头，故黄桥素来享有浦江第一村的美誉。黄桥村先后荣获上海市文明村、上海市生态农业村等荣誉称号。2007年以来，黄桥村加快推进社会主义新农村建设，展现农村田园风光和江南水乡风韵，呈现水清岸绿、村容整洁、鸟语花香、黛瓦白墙、环境舒适的的新气象。营造生态、亮丽、美化的人居环境和温馨、和谐、美丽的家园。

黄桥村重点发展特色规模农业、生态休闲农业旅游服务业。黄桥村是一个典型的江南农村，稻田金浪翻涌，溪水清澈见底，站在村边的山丘顶上，便可俯瞰园泄泾、斜塘江和横潦泾（黄浦江上游）三江汇流的美景，浦江源温泉农庄的温泉自地下270米钱塘江古河道中喷涌而出，吸引了城里人来泡温泉、当农夫。

分乡场村

FEN XIANG CHANG CUN

门　　票：0元。

交通情况：夷陵客运站乘坐16路到黄花工业园站下车。

分乡场村位于湖北省宜昌市夷陵区东北部，东北与远安县交界，南与黄花乡为邻，西与雾渡河镇相连，宜（昌）保（康）公路由南至北纵贯全境。素有“垭丝之乡”的美称。

分乡镇境内煤炭、页岩、旅游、石灰石等资源丰富。煤炭资源储量达204.5万吨；页岩资源分布面积达60平方公里，市场潜力巨大；旅游资源独特，以“草原风光、天然荒凉”为特色的百里荒风景区是宜昌城区最近的避暑胜地，享有“中国南方草场”之美誉。长江三峡国家地质公园（湖北）遗迹——奥陶纪志留系地质遗迹保护区被国际地质科学联合会授予“金钉子”称号。

青龙村

QING LONG CUN

门　　票：0元。

交通情况：在湖北省宜昌市城区乘107路，途经宜昌火车东站—宜昌市职业技术学院（高新区）—龙泉镇—土宋公路—青龙村。

青龙村位于龙泉镇以北三公里处，宜巴高速穿村而过，依山傍水，风景优美。国家农业部办公厅发布2015年中国最美休闲乡村的评选结果，夷陵区龙泉镇青龙村成为宜昌唯一上榜乡村。村内自然风光秀丽，休闲娱乐活动众多。采摘、垂钓、农家乐比比皆是。青龙村还有锣鼓、歌舞庆丰收的习俗。踩高跷是青龙村最古老最典型的娱乐形式，更为绝妙的是“高跷狮”，技术难度大，让游客叹为观止。

青龙村四季花开，环境优美，民风淳朴，生活富足，依山傍水，山色秀丽，有青龙、寨子堡、罗汉山、马鞍山等一座座雄浑的山脉，还有鬼斧神工的石庙湾、灌冲湾、大洞湾、小洞湾等一条条神奇的支脉，构成一道道亮丽的风景。近年来，青龙村注重转变农业发展，以自然生态景观为依托，以农业资源为基础，以民俗风情为特色，因地制宜发展休闲农业，积极创建“中国最美休闲乡村”。

格栏坪村

GE LAN PING CUN

门　　票： 0元。

交通情况： 1. 从襄阳市区隆中高速路口，沿汉十高速行至谷城石花段，进入谷竹高速，从保康寺坪出口下高速路，全程约2个小时，部分路段限速60~80码。

2. 沿省道从寺坪到保康县城，再驱车2个小时可到店垭镇，途经五道峡，时间充裕可以去游览一下。

3. 从店垭镇政府沿路下行，30分钟可到格栏坪村。

格栏坪村地处保康县店垭镇东南，东与垭子口村接壤，西同老街村、观坪村相邻，东南交南漳县、远安县一隅，正南与杨树村交界，北与栾家坡村、公溪沟村山水相依。面积8.5平方公里，四面环山，中呈盆形地带，六条山沟和一条小河把一个村落分成九个自然村。村境内最高点香龙观顶峰海拔949.5米，最低点泾河湾河道360米。辖徐家花屋、向家院、村政府、向家湾、合掌岭、梁范坪、肖家沟、江家老屋。

格栏坪村物产资源丰富，主要有茶、食用菌、大米、菜籽油、桑蚕。2015年10月，被国家农业部授予“中国最美休闲乡村”称号。保康是中国牡丹的重要发祥地之一，境内生长的野生牡丹达160多公顷，约10万株，珍稀程度和种群规模都在国内屈指可数。每年四月，湖北省保康县境内的千亩野生牡丹竞相开放，吸引了大批野外探险者和花卉爱好者前来观赏。

南坪乡

NAN PING XIANG

门　　票：50元（朝阳洞）。

开放时间：8:00-18:00。

交通情况：1. 从利川市有经过朝阳洞景区的客车，大概5元。

2. 从南坪乡也有经过朝阳洞景区的公交，景区就在乡村路边。

南坪乡位于湖北省恩施州利川市的西北部、齐岳山麓以北，地势平坦，素有“恩施三坝不如南坪一岔”之说。它是利川的“鱼米之乡”，是远近闻名的避暑游玩的旅游胜地，独特的高山草场，齐岳山成为南坪天然的绿色屏障，秀丽的田园风光如诗如画，坐落在湘滝坝的朝阳洞，洞中景色“奇、幽、美”。具有500多年历史的“如膏书院”见证了南坪丰厚的历史文化底蕴，传承着全乡人民“尊师重教”的“如膏”精神。这里农业、旅游业都较有特色。

朝阳洞风景区位于利川市南坪乡朝阳村，距318国道干堰塘处3公里，初步探明洞穴长度10余公里，洞穴面积20多万平方米，首期开发1.5公里。因洞穴面向东方而得名为朝阳洞。洞中可游“聚仙厅”，跨“银河响水”，过“野生峡”，进“宝德门”，观“蓬莱仙境”，水随路转，路随景移，景随洞转，洞因水活，景因石奇。到此一游，也能感受到大自然的无穷魅力，让人乐不思归。风格各异的岩溶风光，千姿百态的钟乳，洁白如玉的石柱，清澈见底的地下伏流，组成了一处奇妙迷人的

地下宫殿，堪称鄂西南罕见的溶洞奇观。此景只应天上有，人间难得几回游。到朝阳洞旅游，令人流连忘返。

如膏书院位于南坪集镇南侧，现为南坪小学校址，整个建筑占地面积约1500平方米，宽33米，长约40米。砖木结构，硬山式屋顶，前楼、大殿、后厅共三进一院二天井。前楼为奎星楼，楼顶已毁。大殿基本保存完好，藻井依然，放孔夫子像的神龛放有汉白玉龙雕一块，盘旋回绕，栩栩如生。1787年，南坪汛巡检王霖毅然把创办南坪义学作为己任，经过不懈努力，1792年（壬子）春建成学舍，延师启馆。当时人们感激王公恩德，取名为“如膏书院”，院内散放碑刻六通，字迹一律正楷阴刻，较为系统地记叙了书院的历史。

傅家坪村

FU JIA PING CUN

门　　票：0元。

交通情况：交通不便，需自驾。

傅家坪村隶属于中心镇梭罗行政村，属于山区。位于中心镇北边，距离梭罗村委会12公里，距离中心镇17公里。国土面积2.04平方公里，海拔1750米，年平均气温27℃，年降水量1300毫米，适宜种植花椒、核桃等农作物。

每年秋天，湖北省南漳县李庙镇东北8公里的傅家坪村银杏谷流光溢彩，金秋意味分外浓厚。这里平均海拔在850米以上。在这个高寒山区几条山谷中的房前屋后、公路旁、田间地头，生长着200余棵百年以上的银杏树，最大一棵胸径需6人以上合围。小银杏树更是不计其数。加之山上层林尽染的红叶以及碾盘、土坯房等古村落诸多原汁原味农耕文化的映衬，既有诱人的色彩，更具古朴典雅的韵味，游人赞不绝口，影友们纷至沓来，流连忘返。据村文书杨波介绍，这些银杏树是二十世纪分田到户时，村干部把全村房屋滴水之外的银杏树全部收归集体所有，私人不得擅自砍伐变卖留下的。目前村里正准备把银杏谷打造成乡村旅游的景区，把银杏谷变成真正的流金谷。

陈家坡村

CHEN JIA PO CUN

门　　票：0元。

交通情况：交通不便。

陈家坡村位于秭归县泄滩乡西北方向，距秭归县城140公里，西与巴东县接壤，是秭归第一个党支部诞生地，集边区、山区、革命老区于一体，以柑橘和核桃为农业主导产业，森林覆盖率75%。古树名木有著名的桂花树。陈家坡原名联合，1981年3月更名为陈家坡大队，后更名为陈家坡村。2001年陈家坡村与蒿子坪村（原名胜利，1981年3月以蒿子坪村名更名为蒿子坪大队，后更名为蒿子坪村。村所处的坪中原生长有一种野蒿，故名）合并为陈家坡村。

陈家坡是历代兵家的战略要地，其曹家梁子是早年中国归、兴、巴地下党组织活动的地方，山脊上有一条驿道，东通桂花坪至泄滩，西通巴东县城，北通九条岭至兴山县，南下长江边至牛

口。第二次国内革命战争时期，陈家坡是秭归县地下党组织活动的发源地，秭归县第一个党组织——中国陈家坡支部委员会就诞生在这里，先后有曹秋选、汪书兴、王昌海、王山祖等9位共产党员在这块土地上为革命献出了自己宝贵的生命，用他们的鲜血染红了这块土地。1986年9月，英勇就义的17名党员经湖北省人民政府批准，追认为革命烈士。1984年在牛口为纪念革命先烈建起了雄伟的烈士塔，2005年4月县政府给安葬在陈家坡的烈士维修坟墓并立碑。

陈家坡村生产、生活习俗有整栽秧酒、吃粽子、过端午插艾蒿、过月半、包帕子、杀年猪请客等习惯；行为习俗、婚育习俗有男女订婚过门、三天回门，生小孩送祝米、满岁抓周等；丧葬习俗有打丧鼓、堂祭、烧包袱等；居住习俗，早期多为院落居，一厅一正建筑，多为两层土瓦屋。该村传统文艺活动有耍狮子、划彩船、九子鞭、玩蚌壳等非物质文化活动。

金桥村

JIN QIAO CUN

门　　票：0元。

交通情况：交通不便。

先荷当、再宜保，沿两条盘山公路，由远安县城临沮大道一路向西不久，迎头扎进绿波奔涌的群山，便可直达远安西北角的美丽乡村金桥。是个天蓝、地绿、水清、人勤、物丰的宝地。

沿着金桥村通村路向山村更深处走近，映入眼帘的是一派祥和静谧的景象，一路鸟语花香，或闻村民载歌载舞，或遇紫薇、红叶石楠等园林路景，绿树成荫，兰草花香，一栋栋改造之后的土坯房在乡间丛丛新绿中透露着清新的气息，黑瓦白墙，板栗色门窗，玲珑翘檐，一幅美丽乡村生活图景跃然眼前。

每年2月，湖北远安县看花、赏舞龙舞狮民俗大集热闹非凡，近万余名

山乡群众和游客来到远安踏青赏早春。远安以花为媒、以节为介，通过举办油菜花节、帐篷音乐节、紫薇花节等丰富多彩的节庆活动，助推实施全域旅游富民战略，积极发展乡村民俗旅游，极大地满足了游客多样化、个性化休闲需求，带动山区群众吃上了“旅游饭”。

高拱桥村

GAO GONG QIAO CUN

门　　票：0元。

交通情况：清江桥站乘坐9路公交车在白果树站下车。

高拱桥村位于恩施市，距市区十公里。有好山好水好粮田，还有底蕴深厚的侗乡民族文化。高拱桥村枫香坡侗族风情寨已建设成为“全国农业旅游示范点”、省首批新农村建设示范村和省民族团结进步示范村。

侗族是很有特色的少数民族，其神秘的民族文化吸引着许多人。2007

年起，恩施市以枫香坡独有的生态环境和侗乡民俗文化为基点，“唱特色戏、打民族牌、走旅游路、建风情寨”，旅游开发面貌一新。

“吃在枫香坡”是枫香坡旅游提出的新概念。美食街选取了十大主打美食品牌：恩施泡汤馆、利川柏杨豆干馆、来凤凤头姜馆、咸丰小天鹅馆、宣恩合渣馆、鹤峰山野菜馆、巴东小杂粮馆、建始景阳鸡馆、武陵茶宴馆和侗族美食馆，食客们可以在这里品尝到全州各地的风味佳肴和侗族美食。

吃饱喝足后，玩和乐也很关键。体验叮卡谷的“钓”和看踩歌堂的“戏”是枫香坡的旅游亮点。侗族风雨桥、寨门、萨岁庙、花鼓楼和踩歌堂五大侗族标志性建筑已全部建成，陆羽茶亭、侗族博物馆等景点值得一看。侗族投沙包、荡秋千等体育游玩项目，推磨、榨油、织布、踩水车等农家乐体验活动，让游客玩得喜笑颜开。正是“昔日只道桃源美，如今方知侗寨醉”。

麻柳溪村

MA LIU XI CUN

门　　票：0元。

交通情况：交通不便。

麻柳溪村属湖北省咸丰县黄金洞乡，距享誉世界的黄金洞约四公里，距咸丰、利川、恩施城区各五十公里左右，处于黄金洞风景区景点——中国地心第一漂起点处，享有中国中部最后的一个香格里拉的美誉。麻柳溪村正努力打造宜居名村、旅游名村、产业名村、生态名村、和谐名村和文化名村，不得不特别指出：麻柳溪景区的规划理念非常人性化，它可以极大地舒缓游客在观赏黄金洞后那种刺激压抑的心理情绪，是一个可以在纯美和光明中回味经历地下光怪陆离世界的心灵港湾。这里风光秀丽、气候宜人，民居依山而建，错落有致，百年古塔倒映水中，令人流连忘返。

高椅村

GAO YI CUN

门　　票：30元。

开放时间：8:30~17:30。

交通情况：坐火车到怀化，转汽车到高椅。

湖南省会同县高椅乡高椅村是一个至今保持完好的明清古村。是一个名副其实的长寿村，也是中国十佳古村之一、全国重点文物保护单位，湖南省重点文物保护单位、省历史文化名村。位于共和国第一大将粟裕的故乡——湘西南的会同县的高椅古乡境内。因其三面环山一面临水，地形宛如一把太师椅而得名。整个村寨共有五百九十多户两千两百多人，其中百分之八十五的村民为杨姓，系南宋威远侯杨再思的后裔，侗族。

改革开放以来，这个依山傍水、生态秀美的古村积极开发古民居文化旅游、高效农业，村民收入如“芝麻开花”一样，群众生活和健康状况越来越好，长寿老人也多了起来。

平常，长寿老人粗茶淡饭，喜欢聚在一起谈天说地。多数长寿老人还帮助家里做饭、看牛及做轻度的农活。逢年过节，邻里乡亲、当地政府的干部都要登门看望、慰问这些长寿老人。

德夯村

DE HANG CUN

门　　票：德夯苗寨景区100元。

交通情况：在吉首汽车北站乘坐开往德夯苗寨景区的班车即可。

德夯距湘西自治州州府吉首市西郊20公里处，属省级风景名胜区。这里山势跌宕，绝壁高耸，峰林重叠，形成了许多断崖、石壁、瀑布、原始森林。区内溪河交错，四季如春，气候宜人，有丰富的动植物资源，自然风光秀丽迷人。自矮寨镇沿溪上行4公里至德夯苗寨，沿岸筒车、水辗、古渡、小舟，伴以苗家吊脚楼，一派田园诗情。九龙溪穿寨而过，四周山色清幽，悬崖如削。过石拱桥可登盘古峰，峰高400余米，山巅有大、小两峰，顶宽5公顷多，为盘根错节的原始森林，四周绝壁，站立峰顶，方圆景色尽收眼底。

这里居住着一群苗族百姓，民风古老淳朴。他们以歌为媒，自由恋爱。女人喜戴银饰，穿无领绣花衣；男人爱结绑腿，吹木叶。他们自己种桑养蚕，纺纱织布，手工织品巧夺天工。这里的人们沿用古老的方法榨油、造纸、碾米、织布，用筒车提水灌田。小溪河旁，成千上万大大小小的筒车，吱吱悠悠地转动，构成了一幅美丽的田园风光画。

德夯村现居住有80多户人家，他们的节庆活动主要有三月三、四月八、六月六、苗年、斗牛节、姊妹节等，其中尤以苗年最为隆重。苗族的文化活动有苗歌、苗舞、抢狮、上刀梯、斗牛、赛牯牛，粗犷豪放，生动活泼。丰富多彩的民俗活动有苗家做客、拦门对歌、敬酒、苗家跳歌晚会、歌舞会、苗族鼓舞、灯火送客等30多种节目。在德夯旅游，您还可以亲手榨油、造纸、织布、碾米等，充分体验古老民俗风情和大自然美的享受。

天井寨

TIAN JING ZHAI

门　　票：0元。

交通情况：交通不便。

天井寨是国家非物质文化遗产侗族傩戏“咚咚推”的发源地，距县城五十多公里。村内完好保留着历史悠久、富有侗族特色的木制建筑的吊脚楼，光洁的石板路贯穿全寨，道路两旁是高高的石墙，石墙上爬满青绿的藤蔓，石缝中点缀着生机勃勃的花草，富有浓厚的历史文化底蕴。2016年11月，天井寨村被中华人民共和国住房城乡建设部等部门列入第四批中国传统村落名录公示名单。在天井寨，不去了解“咚咚推”就等于你没来，在村寨的一处空地上，修建了一座新的鼓楼式戏楼，专门用来表演“咚咚推”。村里人演出时，总是在“咚咚”（鼓声）、“推”（一种中间有凸出的小锣声）的锣鼓声中跳跃进行，“咚咚推”因此而得名。

天井寨是侗族傩文化产生和发源地，几乎所有的村民都称得上是艺人，可他们从不外出卖艺。只在农历六月一日和春节元宵的“上元”两个时间，才集体表演傩戏“咚咚推”。

“咚咚推”的表演在舞蹈中进行，演员的双脚一直是合着“锣鼓点”，踩着三角形，不停地跳动。老艺人介绍，这种踩三角形的舞蹈，是根据牛的身体而来，牛的头和两只前脚是一个三角形，牛的尾巴和两只后脚又是一个三角形。

在石路石墙中，在天井古树旁，再欣赏一段独具特色的“咚咚推”傩戏表演；在这比别处离天空更近的天井寨，在这大山深处无喧哗的小村落，感受一番最纯正的小村风韵。

坪朗村

PING LANG CUN

门　　票：0元。

交通情况：可驾车前往。

坪朗村位于吉首市寨阳乡西部，距吉首城区12公里，交通十分便利。村境内峒河、209国道相依相偎自西向东穿村而过，是吉首通往德夯风景区的必经之地，是省级特色旅游名村，州级乡村旅游示范点。

坪朗村四周环山绕水、群峰叠嶂，树木葱茏，山水自然风光秀丽，原始生态和自然环境保持完好，是一个风景美丽、古朴的苗乡村寨，也是一个集乡村体验、生态休闲和民族风情为一体的综合旅游景点，有“田园坪朗”和“湘西苗族风情第一寨”的美誉。近年来，坪朗苗寨进一步融入德夯大景区的发展，现已初步形成苗家风情、田园风光、农俗体验、户外运动等几大旅游亮点，拥有大规模草莓种植基地，适合游客入园采摘。坪朗山庄等农家乐年接待量达1万多人次，具有较好的乡村旅游开发前景。

干岩头村

GAN YAN TOU CUN

门　　票：0元。

交通情况：交通不便。

干岩头村位于湖南省永州市零陵区富家桥镇，其具有较高文化价值且保留完整的周敦颐后裔居住的周家大院被评为国家级历史文化名村。干岩头村各种特产名目繁多，竹、竹笋制品产业颇具规模，异蛇产业独一无二，当地特色的鸡、鸭、田螺、肉制品小吃闻名遐迩。

干岩头村坐落在三面青山的环抱之中，村后的群山叠绿铺翠，一座座山峦连绵起伏，形状极像锯子，村子的左边（北面）一座大山青石裸露着铺下来，这青石犹如挂在板子上；村子的右边是打鸟岭和牛郎岭两座高耸的山峰，每当太阳从东方升起，两座山峰就像朝阳的两只凤凰；村子的前面是宽阔的稻田，有进水河和贤水河在村前汇合。整个村子就像坐落在一把太师椅上，明朝户部尚书周希圣、晚清重臣周崇傅就是这座周家大院的骄傲。周崇傅用了四句话来形容干岩头的地形与地势：“左边青石挂板，右边双凤朝阳；门前二龙相汇，屋后锯子朝天。”

境内有保存较完好的六个明清古建筑院落，每个院落相隔200至300米，互不相通，自成一体。院落皆背倚青山、面临小河，其中最大的一座

院落是清同治年间任翰林院编修的周崇傅所建。建筑结构大都为三进三厅，宏大严谨，宽敞明亮，飞檐斗拱，错落有致，体现出浓烈的湖湘文化气息，具有很高的艺术和文物价值。

另外，周家大院建筑装饰的雕绘技艺之精湛，历史文化含量之丰富，民族气息之浓烈，内容题材之广泛，表现手法之丰富，无不让人叹为观止。

理坑村

LI KENG CUN

门　　票： 60元。

开放时间： 7:00-18:30。

交通情况： 理坑村距婺源县城东北45公里，从县城到村里山路难行。从婺源北站有前往理坑村的班车。

理坑隶属江西上饶市婺源县沱川乡。婺源有理坑和李坑两个村，当地人把理坑称为大理坑，把李坑称为小李坑。

整个村子最精致的就算是村子入口的清溪和沿河的黛瓦灰墙、马头墙重重的建筑群了，山溪在当地称为“坑”，这也是理坑中“坑”的来历，而“理”字则是指理坑的原名理源。此村人好读成风，崇尚“读朱子之节，服朱子之教，秉朱子之礼”，被文人学者赞为“理学渊源”。

理坑村的面积并不大，沿着村口水口的溪流主道一圈转下来，几乎就把所有的老房子都看到了。沿清溪构筑的明清府第如“尚书第”“天

官上卿第”、礼科给事中余懋药“都谏第”，副都御史余自岷怡“驾睦堂”“司马第”等，建筑和雕刻的工艺精湛，图案寓意隽永。村里部分民居已经开发为了文艺小店，同时有村民自建的家庭宾馆，住宿良好。多数村民家庭都可以提供饮食，多是当地的特产与农家菜，比如荷包鱼、梅菜等。吃饭时，说不定周边的老物件就是几百年前的古董。村子不大，与周边的田地、山林联系紧密，走着走着就可能到农田了。三四月前来，能看到婺源标志性的油菜花美景。

李坑村

LI KENG CUN

门　　票：60元。

开放时间：7:00-18:00。

交通情况：距婺源县城12公里，有公交车和私人营运车辆，交通比较方便。

婺源县秋口镇李坑，以李姓聚居为主。大理坑深处山区，小李坑则相对在平地。李坑的建筑风格独特，是著名的徽派建筑集中地，这是李坑最

大的旅游资源。

李坑自古文风鼎盛、人才辈出。自宋至清，仕官富贾达百人。村落群山环抱，山清水秀，风光旖旎。村中明清古建遍布、民居宅院沿溪而建，依山而立，粉墙黛瓦、参差错落；村内街巷溪水贯通、九曲十弯；青石板道纵横交错，石、木、砖各种溪桥数十座沟通两岸，更有两涧清流、柳碣飞琼、双桥叠锁、焦泉浸月、道院钟鸣、仙桥毓秀等景点在其中，构筑了一幅小桥、流水、人家的美丽画卷。民居溪水贯通，青石板道交错纵横，汩汩的溪水也为旅游者带来夏季的清凉。

每年春天，婺源乡村田野油菜花、桃花、梨花竞相开放，春意盎然，与徽派民居相映成趣，构成一幅美丽的春色画卷，吸引众多游客前来踏春赏花。此时不妨在李坑吃上一顿富有农家特色的菜肴：李坑炙肉、花菇石鸡、李坑蒸鸡，配上李坑糯米酒。运气好的话，还可以看到傩戏表演的盛大场面，表演时间不太固定，可以在前往的路上向当地司机询问。

篁岭村

HUANG LING CUN

门　　票：景区通票145元，包括古村古建、原生古树、梯田花海、民俗晒秋、峡谷奇观、影视基地等景点。

开放时间：7:30-17:30。

交通情况：旅游交通发达，婺源县城老北站、高铁站都有发往篁岭的巴士。

婺源县东北部江湾镇的篁岭村，是一座距今近六百年历史的徽州古村，也是著名的“晒秋”文化起源地，被誉为浓缩了婺源风景精华的“小婺源”。

篁岭集古村落、梯田花海、民俗体验为一体，当地旅游资源得到了较为全面、系统的开发，形成了一个景区。整个篁岭景区，面积15平方公里，由索道空中览胜、村落晒秋访古、梯田花海寻芳及乡风民俗拾趣等游

览区域组合而成。篁岭属典型山居村落，民居围绕水口呈扇形梯状错落排布。篁岭因“晒秋”闻名遐迩，村落“天街”似玉带将经典古建筑串接，徽式商铺林立，前店后坊；村子周边千棵古树环抱、万亩梯田簇拥，四季花海展示惊艳的“大地艺术”。近年来还发展出来了美术、摄影及影视创作基地，不时能遇到写生者和影视剧组。

篁岭村地处石耳山脚下，近150户人家的房屋全部建在一个陡坡上，村中很少有平地，村民“晒秋”成为一道亮丽的风景。农历六月初六，篁岭村都举行“晒秋”文化节，文化节上有“农家大妈创意晒秋”“村姑秀天街”及“游客比晒秋”等环节活动。村民将收获的红辣椒、玉米、菊花等农产品，摆放在民居前进行晾晒，五彩斑斓的“晒秋”胜景吸引了众多游客驻足观赏。数百栋徽派民居错落有致，村民们将装有红辣椒、皇菊的晒匾摆在晒架上，白墙、灰瓦、红黄晒匾组合在一起，就像一个五彩缤纷的自然调色板。

临近清明节，村民开始制作清明果。村民们到田野里采来新鲜的艾草，洗净切碎后，与糯米、早米粉一起用小石磨碾磨，或裹入晒干的白萝卜，或裹入混了白砂糖的黑芝麻碎，上屉蒸熟。清明果既是用来纪念先人的祭祀品，也是春天里经典的美食。

汪口村

WANG KOU CUN

门　　票：60元。

开放时间：8:00-17:30。

交通情况：旅游交通发达，有巴士和私人运营车辆。

婺源县江湾镇汪口，交通便利，古称永川，是一个以俞姓为主聚族而居的徽州古村落。

汪口村古时候为徽州府城陆路经婺源至江西的必经之地，历史上被称为“千烟之地”。明清时期，这里店铺林立，商贾云集，有名的商号就有上百家，景象繁华。虽经千载沧桑，百分之九十五以上住房仍保留明清时代的特色和风格。

其中的代表是江西省重点文物保护单位俞氏宗祠，宗祠占地面积一千多平方米。建筑为清代中轴歇山式，恢宏大气、布局严谨、工艺精湛。宗祠由山门、享堂、后寝组成，两侧有花园，园内三棵古桂至今年年吐

芳。祠内斗拱、脊吻、檐椽、雀替、柱础，无不考究形制，凡木质构件均巧琢雕饰，有大中小的各种形体和各种图案一百多组。刀法有浅雕、深雕、透雕、圆雕，细腻纤巧、精美绝伦。被古建筑专家誉为“建筑艺术宝库”。

汪口村的明清建筑还有属徽派建筑的“千年古街”，古朴典雅的“一经堂”“懋德堂”“大夫第”和“养书屋”等民居，沿河十景点的龙船潭“水上竹筏漂流”，有由清代经学家、音韵学家江永设计的“平渡堰”曲尺碣遗址……古埠头、古商业街、古巷、古祠堂和散落在十八条古巷中的众多官第、商宅、民居和书屋等各类景观保存完好，徜徉其中，可以感受到浓郁的明清时期的历史风貌、丰富的历史文化遗存和深厚的徽文化渊源。

晓起村

XIAO QI CUN

门　　票：36元。

开放时间：全天。

交通情况：有往来婺源乡镇的公交车、三轮摩托车，搭乘后在晓起下。

婺源县城东北45公里的段莘水和晓起水交汇处，有上下晓起两个自然村，合称晓起。这里坡岭起伏，山上层层叠叠的梯田和山下盆地的农田上下呼应，漫山遍岭黄灿灿的油菜花，加上明清建筑、小巷青石，令人流连忘返。

晓起群山环绕，村头的古道、古亭青石护栏，古树遮天蔽地。此地盛产樟树，随处可见锯樟木片，香味浓郁。村屋多系明清建筑风格，有天井、厅堂，宽敞深进，气派非凡。主要景观有双亭耸峙、枫樟流荫、进士第、大夫第、荣禄第、江氏祠堂、砖雕门罩、养生河与古濯台等。

游览晓起的推荐路线是从下晓起走到上晓起。下晓起中聚集着客栈与饭店，食宿十分方便。在村子入口处有两家百年老屋，生意兴隆。小巷间有一家手工艺小店，多卖古董、砚台和木雕。从下晓起出发去上晓起，一路上会翻越一座小山坡，山坡上有一棵高大茂盛的千年古樟，在此处可看到下晓起的全貌，是摄影的好地方。上晓起以山坡田园风景取胜，从上晓起再往上行到达江岭，可以看到山中的田园，风光绝美。

晓起旅游，四季皆宜。特色菜式有糊豆腐、粉蒸腊肉、民间瓦罐汤、南瓜蒸豆角、粉蒸土鸡、肉末水豆腐等。

鹤舍古村

HE SHE GU CUN

门　　票：0元。
交通情况：临近公路，交通便利。

鹤舍村位于鄱阳湖畔的江西省九江市都昌县苏山乡，距今已有一千八百多年历史，是一个耕读并重、农商并立的历史古村。

鹤舍村现存的古建筑大部分是由清代中期袁蕃杰捐资所建。古建筑群属十字架、硬山顶、砖木结构，室内装饰主要突出在正堂天井周围的门窗、梁坊、柱托上，装饰手法有浅雕、浮雕、透雕，其内容除民间吉祥寓意图案外，还有历史神话传说等。文化内涵丰富，具有很高的文物价值和艺术价值。《铁血共和》《风雨下钟山》《牡丹亭》《聊斋》等一些优秀的影片曾在此拍摄大量的镜头。

村中现保存较完整的明清建筑有23栋、巷道15条。全村古屋、石巷保

存完好，村内山清水秀，环境优美。左有小溪绕村而过，小桥流水，涓涓不断；右有公路，交通方便，南来北往，车水马龙。村内巷道纵横交错，村前池水明清如镜，村外群山，环抱连绵。成片的古屋在青山绿水的陪衬下，显得别具风貌。

瑶里古村

YAO LI GU CUN

门　　票：150元。

交通情况：到达景德镇后，去里村短途汽车站乘坐从“景德镇—瑶里古镇”的班车。每天两班，早上7:30从景德镇出发，9:00左右到景德镇瑶里古镇；下午14:00从景德镇出发，16:00左右到瑶里古镇。

瑶里镇位于江西省景德镇市东北部浮梁县，因是景德镇陶瓷的发祥地，古名“窑里”。这里群山环抱，原始森林郁郁幽深，小桥流水，禽鸟啼鸣，飞瀑流泉，是避暑的佳处。村内数百幢明清徽派古建筑依山傍水、错落有致地分布在瑶河两岸，飞檐翘角，仿佛一幅幅水墨画。

这座古朴的村落，历经瓷器经商带来的喧嚣繁华，也享有绵长茶香的宁静悠然。得天独厚的地理环境，山环水绕的区域位置，使得瑶里拥

有“瓷之源，茶之乡，林之海”的美誉。如今的瑶里，更像是一位看淡过往的老者，静静在一旁，微笑着观望这里再次兴起的热闹与喧闹。

庆源古村

QING YUAN GU CUN

门　　票：20元。

交通情况：每天上午9:00左右有一趟中巴车从县城的北站发车，途经李坑、汪口、江湾、晓起、江岭、高山平湖、庆源路口、段莘乡，终点是官坑，约11:30从官坑返回。

庆源古村位于江西省婺源县东北部的段莘乡，距婺源县城66公里，别称小源，与安徽黄山市的休宁县五城仅隔一座五龙山，东与浙江开化也只隔一条马金岭。这里峡谷深幽，宽如太行之盘谷，美如武陵之桃源，地处万山之巅，阻外而溢中，是始祖几经选择的避乱胜地，素有小桃源之称。

庆源村口“别有天”古亭内现仍留有古人绝句：“空山隐卧好烟霞，

水不通舟陆不车，一任中原戎马乱，桃源深处是吾家。”原亭大门口两侧有联为“车马绝喧阒忆前人三径怡情托迹不殊陶靖节，鸡犬声相闻惟此地四民安堵落花犹似武陵源”。横联为“桃源深处”。说庆源古村是小桃源，亦源于此。

在古村里走街串巷，看青苔铺石砖，阳光洒在灰瓦上，走在这样的街道里，就好像穿越到了过去的岁月中，也能让人体味到细微之趣。

白鹭古村

BAI LU GU CUN

门　　票：0元。

交通情况：在赣州东汽车站（市内公交车1元即到）有直达白鹭古村的车，车程约90分钟。最早一趟为7:00，14:30为最后一趟。也可在东站坐车到田村，田村租摩托车到白鹭4元/人。田村最后一趟回东站的车为16:30。

白鹭古村位于江西省赣县的最南端，毗邻兴国和万安，是以又有“一脚踏三县”之称。建于1136年，至今已有870多年历史。这里至今保留着大量完整的明清古建筑，以及浓厚的客家文化。到目前为止，白鹭是江南保存最完好集中的客家古村落，虽历经860多年的风吹雨打，依然保存有大小不等一定规模的堂屋，祠宇共69座，祠堂庙宇的门楼风格各异。白鹭民居以祠堂为主，分“专祀型”和“居祀型”两种，从建筑结构上看，大部分都是精美的雕花门楼和建筑实体围绕中突的天井构成的“四水归堂”式。

白鹭先人崇文重教，曾出过568个秀才、17个文武举人、2名进士。作为研究客家文化、慈善文化、孝文化、教育文化的重要基地，白鹭古村至今保留有烧瓦塔等风俗习惯。

思溪延村

SI XI YAN CUN

门　　票：单独购票60元；通票210元，5天有效（通票包含14个景点：李坑、江湾、汪口、卧龙谷、江岭、灵岩风景区、百柱宗祠、思溪延村、严田古樟、文公山、石城、彩虹桥、晓起、鸳鸯湖）。

交通情况：在婺源长途汽车站乘班车在思溪延村下即可。

思溪延村位于江西省婺源县思口镇境内，距县城紫阳镇13公里左右。始建于南宋庆元五年（1199年），至今已有800余年。当时建村者俞氏以（鱼）思念清溪水而名。几百年间在江西、浙江、上海乃至湖南广西等地经商，主要从事木材、茶叶、盐业等商业活动。经商致富的人多携资归故里买田置房、兴建书院，创建了大批府第楼阁、祠堂牌坊等。

整个村落以明清古建筑为主，村落内以青石板铺地，古建群背靠青山，面临清溪和稻田，四周都是绿地，村庄与秀水青山的优雅自然风光融为一体。

古民居大多粉墙黛瓦，整体色彩效果是黑白相间，给人朴素淡雅的美感。从远处看这些古民居，在外观上是大面积空白的一片粉墙，粉墙上嵌有几个高低有序的小小洞窗，形成整体与局部、面与点的对比效果，体现道法自然的意蕴，里外墙着重采用了马头墙、山墙的建筑造型，尤其是马头墙屋檐角飞翘，在蔚蓝的天际勾画出民居墙头与天空的轮廓线，增加了空间的层次韵律美。思溪民居建筑的显著特点是屋里都有天井，商业文化在天井建筑中得到完美体现。

石城程村

SHI CHENG CHENG CUN

门　　票： 包含在婺源通票景点内，通票210元，5天有效。单独门票60元。

交通情况： 自助游建议坐婺源到灵岩洞的车在岔路口下车，再坐当地的小面的或者摩托车即到。

石城程村位于江西省上饶市婺源县大鄣山乡，山脚下是灵岩国家森林公园。深秋时村子的清晨，晨雾悬挂在树腰，火红的枫叶在晨雾中若隐若现，加上早晨村民的炊烟、烧油茶壳的烟，烟雾缭绕，幻梦缥缈，错落有致的徽派民居与炫目的红叶交相辉映，构成了如梦幻般的仙境，分外妖娆，唯美壮观。

每年一到11月中下旬，这里就成为了无数摄影爱好者的天堂，全国各地的游客和摄影爱好者纷纷来到菊径、石城、长溪等古村落游玩取景。满山的红叶、晨雾、黑色调的村庄，构成了一幅幅优美的画卷，令游客流连忘返。

大井村

DA JING CUN

门　　票：0元。

交通情况：大井村距茨坪7公里，现有公路相通。

大井村位于江西省井冈山市，村中央坐落着著名的大井毛泽东故居。房屋坐北朝南，土木结构，因墙壁为白色，当地人习惯称它为“白屋”。1927年10月24日毛泽东率秋收起义部队来到大井村时，驻扎在“白屋”中的农民自卫军首领王佐，将他这幢兵营腾出给工农革命军做营房，毛泽东便居住在此屋的东厢房内。与毛泽东旧居相邻的黄屋是朱德、陈毅的旧居。

毛泽东的旧居前有一棵树，树下有块乌黑的石头，据说是毛泽东当年读书的地方，叫读书石。现在它的周围用木栅栏围着。房屋的后面有两棵常青树，据说当时被烧成灰烬。只是很奇怪，新中国成立后，1949年这棵树居然又重新长了出来，因此井冈山人将其又称之为“神树”。来到大井村，游客可以身受革命精神的熏陶，感受其中的文化底蕴。

城里村

CHENG LI CUN

门　　票： 桃渚古城20元，桃江十三渚景区40元。

交通情况： 临海市区与桃渚交通发达，每天有多趟公交车通过桃渚古城，上车向司机说明在城里村下车即可。

临海市桃渚古城，是全国重点文物保护单位，古城所在的村子就叫城里村。

桃渚古城始建于明洪武二十年，目前存留的古城址是当年戚继光为抗击倭寇而建的。桃渚城在明代的抗倭战争中特别是嘉靖年间的抗倭战争中发挥过十分重要的作用，是民族英雄戚继光和桃渚军民并肩作战、共同抵御外侮的英雄古堡。

桃渚城至今完整地保存着四面城墙与明代的街巷古道格局，村子里依旧生活着近百户居民。主街道宽3米，东西走向，连接东、西两城门和原左营衙门、校场的南北向主巷交叉。主街有10余条古巷与之垂直相向，又有一条古道环绕东南西城内侧，与城北依山势而建的蹬步道连接成为城内的环路。除了主街道经过一定修缮，恢复明清建筑风貌外，其他街巷基本还是农村景象。村民较为淳朴，可以进院落参观。

城内后所山的东麓，因山坡隆起似峤，并且常有鹤群在此栖息，所以称鹤峤。山腰的高阜处建有天妃宫、戚继光抗倭陈列馆和鹤峤书院遗迹。

在桃渚城头向东眺望，独立于上塘山巅的石堡便是烽火台，四周有桃江十三渚风光，桃渚之名由此而起。此地不仅有东南农村田地风光，还种有大片橘林，每到秋天，游客纷至沓来大快朵颐。城外有桃渚国家地质公园，熔岩峰林地貌千姿百态，以晚白垩纪火山地质遗迹著称，被国际地质学界确认为西太平洋火山活动的经典遗存。

西坑村

XI KENG CUN

门　　票：0元。

交通情况：西坑村距县城13公里，有公交车可到。村民大多可提供住宿，有不少文艺特色的民宿。

丽水市松阳县位于浙江省西南部，因境内保有100余座格局完整的传统村落，被誉为“最后的江南秘境”，西坑村则是其中之一。村西有一片原始树林，多常绿乔木，姿态多样；村东有邵尖山、笔架山、寨头尖，一山一景。村后有海拔1129米的大种山，山势层峦叠嶂。夏日雨后，小村安居黛山之中，云蒸霞蔚，龙腾虎跃，变幻莫测，恍若仙境，为县内不可多得之摄影胜地。近几年已有百余批次的中外摄影家聚焦于此。村民引山泉水至每家每户。水质极佳，可当作矿泉水直接饮用。

西坑村保留了浙江的乡村民俗。全村以叶、丁两大姓为主。叶、丁二姓均有“拜月半”之俗：每年农历正月十四，叶、丁二姓祠堂内每男丁各贴一副对联，祠堂摆八仙桌若干，每户奉上三种祭品，按排行长幼自上而下排列，多为糕饼糖果，以碗盛之，高高垒叠，蔚为壮观，至十六日午毕，首尾三日，日夜由“八个头”轮流值守。此俗意在祭祖。又有“拜石玄头娘”和“拜樟树娘”之俗——村人喜添新丁，多排八字，若说与母相冲，则认“石玄头娘”；若说五行缺木，则往往取名带“木”，另认“樟树娘”。“石玄头娘”位于村后山腰，半小时行程，一石高约三米，一石高约一米，相依相伴，有若母子相依。“樟树娘”位于本乡下包村口，为一棵数百年的大樟树。西坑村是萝卜主产村之一，此外还盛产西红柿、四季豆、菜椒等。

诸葛村

ZHU GE CUN

门　　票：诸葛八卦村主景区成人票100元；西线景区55元；主景区+西线联票155元（含观光车）。

开放时间：春夏秋：7:30-17:00；冬：8:00-16:30。

交通情况：外部交通：坐火车或者汽车到兰溪，在兰溪客运西站坐诸葛八卦村的旅游专线。5:40-17:00约每10分钟一班，4元/人，车程约40分钟。

景区内交通：景区内有电瓶车往返主景区和西线景区之间，如果购买联票则车费包含在联票内，单独购买电瓶车票为10元/人往返。

诸葛八卦村位于浙江省兰溪境内，地处兰溪、金华、衢州三市交界点上，村中现居住有诸葛后裔近4000人，是全国最大的诸葛后裔聚居地。村里70%的人都姓诸葛，因此被叫作诸葛村。

诸葛村以“钟池”为核心，分八条小巷贯通四周环绕的大公堂、崇信堂、怀德堂等数十座明清建筑，形成射状的九宫八卦形布局。这在中国古建筑史上尚属孤例。

据史记载，诸葛村的整体格局是诸葛亮第27世孙诸葛大狮按九宫八卦设计布局的。整个村落以钟池为核心，八条小巷向外辐射，形成内八卦，更为神奇的是村外八座小山环抱整个村落，构成天然外八卦。村内现有保存完好的明清古建筑200多处，虽历经700多年，但“九宫八卦”村落布局一直未变。其“青砖灰瓦马头墙、肥梁胖柱小闺房”的建筑风格，成为中国古村落、古民居的典范，是浙江古文化的三大标志之一。

石仓村

SHI CANG CUN

门　　票：0元。

交通情况：靠近高速公路和省道，交通便利。

石仓村位于浙江丽水市松阳县，是丽水市的十大文化名村，距离松阳县城20公里。村子不大，但山清水秀，古风浩荡，素有“浙南桃园”之誉。

传说，从前村旁有一古庙，庙内有一岩洞，而这岩洞很是神奇，每天有大量的米粒涌出，似极了石仓，“石仓”之村名因此得来。

石仓的古民居基本上是清代的，也有少数建于明代，几乎全是清一色的统一建筑造型，每一院落都巧妙利用山势地形布局，一层叠着一层往上走，错落有致，层次分明。往往是前面人家楼上的后门即通着后面人家的前门。那高翘的马头墙、气派不凡的门楼、精致细微的砖雕木刻，那流光溢彩的匾额题联……都成为了石仓古民居的真实写照。这些古民居经风沐雨，依然保持着原有风貌，而且至今仍有村民生活于内。

建于乾隆年间的“余庆堂”，占地3260平方米，内有9个厅堂，18个天井，129个房间，最多时竟然住了60多户200多口人。厅堂内的匾额不乏工于书法的力作，内容多为重耕崇学，扬善击恶，令人遥想“晴耕雨读”之桃源意境。

石仓村有人口800余，其中90%为阙姓人家，祖上是从福建汀州那边移民而来。有趣的是，阙姓闽籍移民在松阳繁衍生息了300多年，可他们直到今天都没有完全融入松阳习俗，仍然操闽语循闽俗。

廿八都村

NIAN BA DOU CUN

门　　票：80元。

开放时间：8:00-17:30。

交通情况：杭州汽车南站或西站早晨8点左右有到江山的快客，4小时到，也可在汽车西站先坐到衢州。衢州至江山的大巴10几分钟一班，约40分钟到江山。

廿八都村位于浙江省江山市廿八都镇，地处浙闽赣三省交界处，地势险要，历史上是边区的重要集镇，素有“枫溪锁钥”之称，专家誉此为“文化飞地”，学者称其为“一个遗落在大山里的梦”。与周庄、同里、乌镇等著名江南水乡古镇有着截然不同风格的廿八都村依然是藏在深山人未识，甚至带有几分神秘。

廿八都是一个古老小镇，北宋熙宁四年（1071年）江山设都四十四，此地排行第廿八，得名廿八都，至今已有900余年历史。村内四方关隘拱列，因此少受战乱影响，古镇内保存着原汁原味的明清两代古建筑，融合了三省的建筑风格，白墙飞檐很有特色，细节之处的雕刻也令人印象深刻。

廿八都镇包括浔里、花桥、枫溪三个村子，进入古镇的街巷很多，而现已开发、需要检票参观的景点全部在浔里街一线。

廿八都通常会和江郎山、仙霞古道、浮盖山等被列入同一条线路，若打算在廿八都住宿，景区内比较出名的有念八铺客栈，古镇外围的风岭街上也集中了不少性价比不错的宾馆。来此必吃的两种小吃是燕圆馄饨和铜锣糕，前者类似福建燕皮馄饨，而铜锣糕是种糯米做成的小吃，遇到不妨买来尝尝。

俞源村

YU YUAN CUN

门　　票：30元。

交通情况：俞源村交通较为便利，可从杭州东站坐车到武义西站，再转车到俞源。

俞源村位于浙江省中部的武义县，是一个笼罩着浓厚道教神秘色彩的古村落，也是中国唯一的太极星象村。

武义俞源村布局奇异，充满神奇。据考证俞源村是明朝开国帝师刘伯温"按天体星象排列"设置的村落，村口设有直径320米，面积120亩的巨型太极图。村庄内主要的二十八幢古建筑是按天空中的星座排布的。村中还有防火、镇邪用的"七星塘""七星井"，体现了人与自然和谐相处"天人合一"的理想境界。"七星塘"中对应北斗七星中第一颗"破军星"的古池塘遗址。

俞源名胜古迹甚多，有始建于南宋的圆梦胜地——洞主庙，建于元代的"利涉桥"，建于明代的古建筑，全村共有1072间，占地3.4万平方米，有民居、宗祠、店铺、庙宇、书馆等。古建筑体量大，做工精致，墙上壁画保存完好，木雕、砖雕、石雕精细，巧夺天工，将功能与艺术、实用与美化很好地结合在一起，并与建筑主体结构完美地融合起来，独具江南风格。神秘的俞源古村落，抹不去600余年的封尘，走进俞源犹如走入历史的迷宫。

柿林村

SHI LIN CUN

门　　票：0元。

交通情况：柿林村交通较为便利，可网络导航开车前往。

柿林村位于浙江省余姚市四明山麓，形成于明朝初年，已有600多年的历史。全村200多户人家，近千名村民全部姓沈。村中房屋多为石墙木房子，屋与屋距离很近，房前屋后种满了柿树、白果树、枣树、香榧树等。村里没有街，没有巷，更没有交通要道，道路非常狭窄，随便一伸手便可碰着两边的石墙。行人通常穿行在木房石墙之间的“羊肠小路”上。

该村因柿子而名柿林村，每年入秋后，柿林村的柿子开始成熟，由青转变成红色，悬吊在树上极为美观，故当地又称其为“吊红”。全村现有柿子树3000多棵，年产柿子10余万公斤。除柿子外，这里还盛产高山云雾茶——四明龙尖以及竹笋等。

荻浦村

DI PU CUN

门　　票：30元。

交通情况：临近高速，自驾可到达。

浙江省桐庐县江南镇荻浦村历史悠久，距今已有近千年的历史，文化底蕴丰厚，2007年与深澳、环溪、徐畈等附近村落一起被列入第三批国家级历史文化名村。孝义文化、古戏曲文化、古造纸文化、古树文化为该村四大特色文化。村中古建筑至今保存良好，多以明清时期的徽派建筑为主。

荻浦村有宋代的范井，明代的水系，清代的石坊、庙庵、祠堂、民居等四十余处景观特色。更为难得的是，村内还保存有三座较完整的明代房屋建筑。

每到秋季，村里变成了花的海洋，成片的薰衣草、波斯菊、百日草、向日葵、马鞭草华丽绽放。当你厌倦了城市的生活，不如来荻浦村感受淳朴的乡村气息。走进这个美丽的小村庄，你会觉得这里的青砖黛瓦都透露着浓厚的江南气息。

河阳村

HE YANG CUN

门　　票：40元。

交通情况：从金丽温高速缙云出口，经过330国道可到达景区。

河阳村位于浙江省缙云县仙都国家级风景名胜区内，是江南罕见的千年文化古村。河阳人才辈出，富甲一方，曾有“有女嫁河阳，赛过做娘娘”之誉。相传宋朝年间河阳村朱绂、朱绶考取进士后大摆宴席感恩乡亲并鼓励后代子孙勤勉读书。

精巧的民居规划、精制的木雕、砖雕和独特的彩绘是河阳村景观的突出特色。现存的一溪两坑之水系、一街五巷的村庄布局乃元代设计。十多座古祠堂、百栋旧宅第计1500余间房屋，是宗族庄园式古民居建筑群，流传着堪称一绝的古文化“河阳剪纸”。

西一村

XI YI CUN

门　　票： 0元。

交通情况： 西一村临近公路和省道，自驾可到达。

西一村位于浙江省浙南山区丽水市景宁畲族自治县大漈乡，人杰地灵，物产丰富。在该村的时思寺门前，存活着一棵围达13.7米、树龄达1500多年的柳杉树。该树主干约30米高，千年来历经雷劈火烧，树根底部形成一个树洞直通树梢顶端。来到西一村，游客们可以欣赏被保护的千年柳杉树的风采。

埭尾村

DI WEI CUN

门　　票：0元。个别民居参观要收费。

交通情况：交通发达，可网络导航。

埭尾村位于福建省龙海市东园镇九龙江南溪下游，九龙江南溪河畔、沈海高速公路漳州港出口两公里处，是“闽南红砖建筑群”的典范。

全村四面环水，被称为“水上古村落”，村内古厝成群，拥有堪称一绝的古厝群，有“闽南第一村”的美誉。全村共有276座民居，其中明清时期的古民居有49座，这些民居虽历经560多年的风雨剥蚀，至今仍保存完整。埭尾由“开漳圣王”陈元光后裔在此开基立业，全村只有“陈”一个姓氏。据传，陈氏祖先有遗训：埭尾子孙后代以后所建的房子不能超过后祠堂的高度。因此，埭尾子孙谨遵祖先遗训，村里历经数百年都没有建造过楼房。

埭尾村最为壮观的景观是一株有300多年历史的跨河古榕。早些时候，每当发大水，村里木板桥都会被大水冲走，由于这棵树的树身跨过河面，村民就把它当成桥，船只还可以从榕树身下的拱门穿过，因此也称“功劳

榕”。大川祖厝是典型的闽南四合院（二进四开间），房子采用木架结构，竹编墙体抹上纸根灰建造而成。此种建筑有利于防震，是埭尾古厝历经数百年、多次地震却屹立不倒的主因。

中湍村

ZHONG TUAN CUN

门　　票：0元。

交通情况：距乡政府所在地约7公里，距县城大约35公里，离武平县城高速公路入口“古武高速”约39公里。

中湍村位于福建省武平县永平乡，是一个群山环抱、民俗浓郁的美丽小山村。中湍溪自西南向东北抱村而过，汇入桃澜河，最终注入汀江。

武平县位于闽西山区，中湍村多山林和溪流，山上多种竹木。之前村民兴做竹排木排，浩浩荡荡，顺溪流可直达潮州、汕头。

中湍村素以民间绝活著称。近年来，当地深入挖掘客家民俗和生态文化，通过一系列传统乡土民俗活动打造乡村旅游品牌，大力发展全域旅游。农历十月十五前后，福建西部武平县各山村陆续进入农闲时节。按照当地风俗，不同村子各自择日举办民间活动，其中较有代表性的就是“上刀山”“下火海”等绝技。“上刀山”绝技在闽西山村流传已有数百年历史，表演者需光脚顺着磨得锋利闪亮的36把钢刀，攀登至8米高的杉木柱子顶部，接受长者祝福，祈求风调雨顺、五谷丰登。村民们光着两脚踩在刀刃上一步步攀登，直到柱顶……手脚丝毫无损。“下

火海”：大田里砌起长约10米、宽约1.2米的火坑，里面堆上40厘米左右高的木炭，木炭燃烧近2个小时后，村民便在通红的火坑里放进一些盐和酒，然后脱掉鞋袜，卷起裤脚，赤脚踩进通红的火炭里，走过火坑。此外还有“空手捞油锅”“拧香火”“掌心燃放鞭炮”“鞭炮缠颈燃放”等表演。

三溪村

SAN XI CUN

门　　票：0元。

交通情况：乘坐前往江田镇的巴士，在镇上乘坐摩的前往。

三溪村位于长乐市江田镇，亦名鼎溪，因屏山诸溪流汇于石潭，成鼎足三分之势而得名。上游称潼溪，下游分为北、南两溪，北溪又名祠堂溪，南溪又叫街当溪。这里风景优美，人文景观颇具特色。

上游建有库容达千万方的三溪水库；下游的南溪入海，北溪入闽江口。南北双溪有唐宋以来所建石桥5座，分别名为：大桥、平桥、小桥、当桥和下桥。北溪的大桥，长43米，宽2.4米，高4.4米，桥面石板上有“宋咸淳已巳秋重修”的刻字。

三溪美丽的山水风光吸引了无数名宦雅士前来游览，留下众多吟咏三溪景色的佳作名篇，艺术水准很高的摩崖石刻比比皆是，成为三溪一道瑰丽的人文景观。这些摩崖石刻为研究宋代篆书风格和长乐市的历史地理变迁提供了珍贵资料。

自古龙舟日竞渡，独有三溪夜赛航。这里的龙舟夜渡是福建省独有的乡土风情。从村中穿过的南溪，每年端午节夜间灯光辉

映，溪中龙舟竞发，两岸及桥上人潮如涌，热闹非凡。

三溪以其山水交融、自然奇秀和历史悠久、人文荟萃，造就了文化品位较高的旅游资源，开发利用潜力很大。近年来，历史文化名村管委会采取有力措施保护山上的摩崖题刻不再被人开采，并在山坡溪畔植树绿化和防止溪流遭受污染。目前已经疏浚南北双溪河道，游客可以划龙舟从水上进入景区游览。

赵家堡

ZHAO JIA BAO

门　　票：10元。

交通情况：距漳州市区约56公里，可从漳州南客站乘车前往。

赵家堡位于福建省漳浦县湖西畲族乡，是赵宋皇族后裔于明代万历年间流落闽南后，仿照古都汴京的布局立意建造的御寇城堡，被称为“微缩版”的古都汴京。赵家堡占地面积173亩，规模恢宏。几百年来，赵家堡内赵氏皇族后裔聚族而居，历史文化底蕴深厚，是全国重点文物保护单位。近年来，在当地政府和堡内居民的共同努力下，一系列保护、修缮工作进展顺利，古堡焕发了新的生机。

据载，元初赵宋闽冲郡王赵若和从广东崖山之战中逃出，辗转到达漳浦，隐居于此，至明代，其十世孙赵范以进士历任磁州知州、浙江按察使司副使等职，致仕归，适逢沿海一带倭患猖獗，就按北宋故都布局立意，修建城堡防御，并以此寄托对祖先帝业的思慕。

赵家堡具备了城池的军事防御功能，完璧楼则体现了同期闽南地区民居防寇的建筑特色，城内的建筑充分地考虑到社会生活的各种需求，建造神庙、读书处等公共建筑，大致形成了生活区、礼仪区和风景园林区的格局，是人类历史上的一大奇迹，赵家堡的建造者出自灭国皇族后裔，在整座建筑群体中，处处流露出对先祖帝业的思慕之情。对于研究赵宋家族史、明代的军事史、倭患史，研究宋城的规划布局有特殊的意义。

大岞村

DA ZUO CUN

门　　票：0元。

交通情况：交通不便。

惠安县崇武镇大岞村地处东海和南海交界处，位于崇武半岛最东端，三面环海。东临台湾，南隔泉州湾与晋江、石狮相呼应，北隔海与小岞对峙，西面与港前村紧邻，再往西则和本镇的崇武城区和五峰村相连。全村总面积近4平方公里。

大岞地形属于东南沿海丘陵台地，境内地势北高南低，“大岞”古称大岞岬，海边岬角高地之意，唐代形成村庄即以此为名。聚落依山势自北向南拓展，呈方形状。最引人入胜的是岞山八景，分别是龙喉吼烟、军马洞

天、狮石晚照、渔翁撒网、孤屿冬青、玉磐传音、白鹤临渊、滴水弹琴。

大岞村是闻名中外的“惠安女”的集中居住点，也是崇武国家一级渔港的所在地。惠安女是福建省惠安县惠东半岛的一个特殊族群，主要分布在惠安东部的崇武、山霞、净峰和小岞等地，是传统的汉族。几百年前，她们头上戴着花色头巾和黄色的斗笠，上身穿着紧窄短小的衣服，露出肚脐，下身穿着特别宽松肥大的裤子，被称为“封建头、民主肚、节约衫、浪费裤”。她们以奇特的服饰闻名海内外，更以其“勤劳俭朴、贤惠善良、吃苦耐劳”的美德著称于世。

浦源村

PU YUAN CUN

门　　票：40元。

开放时间：7:30-18:00。

交通情况：在宁德客运站乘坐前往周宁县的班车，在县城下车后乘坐前往鲤鱼溪的公交或者摩的。

在福建省闽东高山区的周宁县浦源村，有一条穿村而过的小溪。溪长500多米，宽五六米。溪中栖息着数千尾各色鲤鱼。人们称这条小溪为鲤鱼溪。

相传，鲤鱼溪创始于宋末元初，距今已有六七百年的历史。原来浦源村村民的饮用水全靠这条小溪。因鲤鱼有去污澄清的功能，老一辈村民便在溪中放养了鲤鱼，并且制定了禁止捕食鲤鱼的公约。村民代代相传，严守禁约。直至今天，村民虽已改饮山上引来的清泉，但对溪中的鲤鱼依然加以保护。淳朴的爱鱼村风，养成了鲤鱼亲近人的习性。溪中的鲤鱼闻人声即来，见人影而集，成群结队，悠然自在。每当山洪暴发，鲤鱼或是用嘴紧紧咬住溪边蒲草，或是钻进两岸石洞求生，而不愿随波逐流而去，纵有被洪水冲至数里外的，水退时，也会成群地游回故乡，与“家人”团聚。

现在，到浦源村观鱼的游客络绎不绝，村民为此新辟了观鱼池、观鱼亭，供游客观赏。

下梅村

XIA MEI CUN

门　　票：60元。

开放时间：9:00-17:00。

交通情况：从武夷山度假区乘车6公里便可到达。

下梅村位于武夷山市东部，距武夷山风景区8公里，武夷山市区6公里，2500多人口，居民500户。商周时期就有了新石器时代人类活动遗迹，

村落建于隋朝，里坊兴于宋朝，街市隆于清朝，是中国历史文化名村。现留有清代古民居建筑30多座，古民居“三雕”景观资源尤其丰富。村落中祠堂、古井、老街、旧巷与民谣、山歌、龙舞、庙会交融出村落独特的魅力，蕴藏着丰厚的人文景观资源。

近两年来，福建武夷山充分发挥优势，加强与沿线城市协作联动，共同挖掘历史、文化、旅游、经贸等资源，精心培育“万里茶道”文化品牌，打造“万里茶道”起点。始于17世纪末的“万里茶道”，是继“丝绸之路”和“海上丝绸之路”之后的又一条横跨亚欧大陆的国际古商道，其海陆起点都在福建武夷山下梅村。经由中国八省和蒙古，直至俄罗斯圣彼得堡，是一条中西方物质文化交换国际大通道。

初溪村

CHU XI CUN

门　　票：70元。

开放时间：6:30-20:00。

交通情况：厦门湖滨南路长途客运站从早上6点多到12:30有车直达下洋，途经厦门—漳州—南靖—下洋，全程6小时。

初溪土楼群是汉族传统民居建筑，位于福建省永定县下洋镇初溪村，由五座圆楼和数十座方楼组成。它们依山傍水，错落有致，呈现出极高的美学艺术价值，显示了汉族劳动人民卓越的智慧和超凡的

创造才能。

村内最有特色的客家民居建筑有朱氏的继善楼和反围龙式的积善堂等；继善楼依山傍水而建，坐北向南，采用了中轴对称的横向方形布局；善庆楼约有110年历史，建筑面积500平方米，共22间，是一座堂前向外周匝式的反围龙式建筑，其建筑结构在传统客家围龙屋建筑中别具一格。

自2008年7月福建土楼被正式列入《世界遗产名录》后，前来土楼旅游观光的境内外游客成倍增长，面对纷至沓来的游客，土楼旅游部门采取了一系列有效措施进行“有效保护、合理利用”，充分保存现有民居村落的原貌，引导游人文明有序观光游览，让这块世界瑰宝永远焕发神奇魅力。

培田村

PEI TIAN CUN

门　　票： 40元。

交通情况： 福州、厦门、龙岩皆有直通车。龙岩到连城的班车半小时一班（早六点到晚六点）车程约两小时；连城县城到培田约40公里，有直达班车。

培田村位于连城县西部，原辖于长汀县宣河里六图，1956年划归连城县。明清时期这个村先后修建的村庄建筑群，诸如宗庙、社坛、牌坊、书院、“九厅十八井”宅第等，是福建省保存较为完整的明清古民居建筑群之一。

培田古民居汇集京、皖、粤、赣、闽等地的建筑模式和风格，建造技艺精湛。除此之外，培田古民居内保存大量楹联、牌匾，其

中不乏名人佳作，如清大学士纪晓岚为培田书院题匾“渤水蜚英”；明代兵部尚书裴应章考察培田后赠联“距汀城郭虽百里，入孔门墙第一家”，都具有很高的历史文化价值。

培田村民居建筑设计精巧、样式独特、用料考究，继承了中原古建筑文化精髓，融入了客家先民工匠的创造性构思，是明清建筑技术与建筑艺术的完美结合，享有“民间故宫”的美誉，被誉为闽西山区“最美的乡村”。

洋边村

YANG BIAN CUN

门　　票：0元。

交通情况：交通不便。

洋边村位于福建省惠安县净峰镇东端，地处净峰寺山脚下。每年阳春三月，福建省闽清县漫山遍野的桃花、梨花竞相开放，吸引了无数游人前来游览。

近年来，闽清县大力发展生态观光农业。目前，这个县以“一村一品、一村一景”为特色的生态农业村正在逐步形成。福建省莆田常太镇通过与科研单位联手培植开发优质枇杷果业，把8万多亩荒山变成枇杷果园。

洋边村扬长避短，发挥山区优势，因地制宜开山广种“致富果”。目前全村水果面积已达253公顷，其中枇杷树167公顷，人均拥有枇杷树上百株，枇杷成了农家的“摇钱树”。

猴硐猫村

HOU DONG MAO CUN

门　　票：0元。平溪线一日套票52元新台币。

交通情况：从台北坐东部列车抵达猴硐站，下车便是。或者可以选择抵达瑞芳，购买平溪线一日套票，乘坐平溪小铁道的列车缓慢前往。

近来在台湾，一个以猫作为旅游特色的地方引起了人们的关注。乘列车离开台北向东一个小时，就到了这个被称为“猫咪天堂”的小镇——猴硐。

在这个山峦环绕，曾因煤矿开采而繁盛一时的小镇，人们可以看到各种形态的小猫悠然自得地生活：树荫下、楼梯间、花丛中、屋顶上，处处都有它们可爱的身影。游人散步其间，可以近距离地抚摸它们，给它们拍照、喂食，与它们同乐。

曾几何时，近代的挖煤业给予了猴硐台湾第一煤炭产地的殊荣，但台湾产业日渐转型，人潮随着黑金光芒的黯淡而离去，曾被矿工们收养对付老鼠和蛇的小猫与猴硐当地居民相依为伴。猴硐人喜猫、爱猫、养猫，他们给予这些小动物友善与宽容，让它们在青山绿水间自在随意地生活，过着与别处猫咪截然不同的生活。

几年前，当一些爱猫人士无意之中路过此地，被猴硐人与猫的和谐景象打动，遂把他们的故事发在了网络上。于是，一批又一批的游客慕名而来，逐渐凋零的房屋有了人气，当地各种有关猫的纪念品开始热销，与猫相关的创意产业被纳入到了当地政府的旅游规划之中，一个大的产业舞台逐渐升起，猴硐再次回到大众的视野里。

菁桐

JING TONG

门　　票：0元。平溪线一日套票52元新台币。

交通情况：从台北坐车抵达瑞芳，购买平溪线一日套票，乘坐平溪小铁道的列车缓慢前往。

位于平溪铁路终点的菁桐车站，建于1929年，是台铁平溪线的最后一站，也是第一站。车站建筑则是台湾少数保存良好、仍在营运的日式木造车站，已列为新北市市定古迹，也是电影《那些年我们一起追过的女孩》的拍摄地。车站为黑瓦木构件的米黄色日式建筑，无论外观或内部陈设目前都还保持着原有的风貌，站内的木制长椅及老剪票口的栅门、售票柜是珍贵的历史遗迹，另外当时的保险柜以及为防止火车相撞所使用的转辙器和古老的电话筒等，现在也还在使用，都是极富保存价值的文物，在文建会举办的台湾历史建筑百景中，菁桐站亦榜上有名。

煤矿是平溪沿线村民生活史中不可切割的一块。平溪线可说是专为采煤矿而辟建，菁桐又是其中最大的矿场，在矿业最发达的时期，菁桐火车站具有举足轻重的地位。虽然停止采矿后，现在的菁桐已经繁华落尽，却仍保留着许多日据时代的传统建筑风貌，宁静的山城小镇，散发出浓浓的日本风。来此一游，足以令人回味往昔时光。

彩虹眷村

CAI HONG JUAN CUN

门　　票：0元。

交通情况：可以包车前往。

在台中市南屯区，有一个退伍老兵居住的眷村因为遍布七彩“涂鸦”而被称为“彩虹眷村”，成为当地的热门景点。“眷村”指1949年后台湾当局为安置大陆赴台的军人和家眷所建立的聚落，多是因陋就简搭建起来的木屋、瓦房，矮小而局促。眷村文化源于特殊的历史时期，是台湾文化的重要部分。从房屋建筑形式到囊括南北各地的饮食以及社区语言，都别具一格。

创作这些画作的是被人们昵称为“彩虹爷爷”的老兵黄永阜。黄永阜原籍香港，年轻时入台当飞行员，后负伤独居眷村，晚年生活苦闷。大约在两年前，时年86岁的他为打发时光开始将小时画画的技艺拾起，在房前屋后涂涂抹抹，排解思绪。没多久，村内巷弄的地面、墙壁、门窗被他笔下色彩艳丽、俏皮夸张的彩虹、花朵、动物、名人肖像等画作铺满，原本破旧阴暗的眷村变成了一个五彩缤纷的童话世界。他也被人们亲切地称为“彩虹爷爷”。

然而，“彩虹眷村”位于台中市重新规划区范围内，是道路预定地，如果规划方案获得批准，将面临被拆迁的命运。众多台湾网友在互联网上发起倡议，希望有关部门能修改相关规划方案，保留这个“彩虹眷村”及其承载的独特的眷村文化。

九族文化村

JIU ZU WEN HUA CUN

门　　票：780新台币。

开放时间：周一-周五9:00-17:00，周六-周日及节假日9:00-17:30，农历除夕9:00-15:00。

交通情况：先乘坐火车到台中或者埔里，再转乘南投客运到达九族。

九族文化村位于台湾省南投县日月潭畔，占地62公顷。整体布局以传统村落民居建筑为主，附设仿欧式建筑风格和艺术雕刻的“水沙连丽宫”“激光音乐喷泉”等现代化设施。村内“山地文物馆”、表演厅、歌剧场、观山楼、餐饮馆等文化、娱乐、生活设施一应俱全，草坪、花苑点缀其间，既古朴、典雅又不失现代气息。

“九族”是台湾民间对除平埔人以外、保留传统文化较多的高山族九个族群的俗称，即指雅美族、阿美族、泰雅族、赛夏族、邹族、邵族、布农族、卑南族、鲁凯族和排湾族。（其中邵族和邹族在台湾九族文化村里是算一个的。）

同北京的“中华民族园”、云南昆明的“民族村”一样，台湾也建有集传统民族文化的收藏与保护、宣传与展示及旅游观光于一体的大型文化设施——“九族文化村”。

张荣义先生发起创办“九族”为主题的游乐园共分成三座主题园区：原住民文化、欢乐世界和欧洲花园，并在2001年启用空中缆车，搭载观山楼至欢乐世界的旅客，可鸟瞰全园风光与远方的日月潭。

九份

JIU FEN

门　　票： 0元。

交通情况： 从台北车站坐宜兰线火车到瑞芳站下车，出口左转，搭往九份公交车。

九份位于台湾东北角，据《台北县志》记载，清朝初期这里只住着9户人家，因一家外出购物总要给村里买齐九份而得名。这里自19世纪末发现金矿而繁荣，至20世纪70年代结束开采，小镇由盛转衰，渐渐寂寥，起伏跌宕恰如一部承载世间百态的影片。

让九份重回人们视线的，是台湾著名导演侯孝贤。1989年，侯孝贤所执导的电影《悲情城市》拿下威尼斯电影节金狮奖，九份因此再度名声大噪。该电影在九份取景，影片中独特的老建筑、狭小而富韵味的街道、依坡而建的山城风味，立即吸引了众多观光客的目光。每当傍晚，一盏盏红

灯笼渐次亮起，装点着旧式建筑，形成别具韵味的山城景观，吸引了大批海内外游客参观。逢节假日，小镇处处人山人海，已成为台湾北部最受欢迎的景点之一。电影让九份迈向新时代，这边有说不完的电影故事和浓浓的山城风情。

由于九份依旧保留着日治时代的旧式建筑，其主要的景观聚集在基山街，是九份最热闹的街道，小吃芋仔番薯、九份第一家茶坊以及九份文史工作室都设置于此，还有观景台可以看九份的海景；竖崎路是特殊的“丰”字道路，为九份的直向道路，绝无仅有的阶梯路上有许多观景茶馆；轻便路上则有许多九份民宿与九份金矿城怀旧壁画。

金瓜石

JIN GUA SHI

门　　票：黄金博物馆100新台币。

开放时间：1. 周二-周五：9:30-17:00；16:00停止售票。

2. 周六、周日：9:30-18:00；17:00停止售票。

3. 每逢周一、农历除夕、年初一及选举日固定休馆，其他必要之休馆日另行公告。

交通情况：由基隆火车站旁或瑞芳搭往金瓜石的基隆客运，于金瓜石站下车。

金瓜石是东亚的第一金都，位于台湾东北角的一座小山城，因早年产金而闻名，是台湾的产金地。从它的崛起、历经繁华兴盛，到金尽人散、没落萧条，前后才不过一百年的时间，就好像是一部剧情鲜活的影片，留给后人无限的思念。金瓜石遗留下来的采金遗迹和其本身所具有的秀丽天然景观，都是它最主要的观光资源。

金瓜石现在还有一座金泉寺，就是用来存放当年从大陆来金瓜石采金的温州人去世后的遗骸，据当地人士说，两岸开放来往后，曾经有温州人来祭拜，后来就没有下文了。金瓜石在历经清朝、日治与民国政府三个时期的开挖后，金脉逐渐枯竭，从1984年后，逐渐走下坡路，人口迅速外流，又加上火灾烧了最精华的铜山里，又遭琳恩台风肆虐，山洪暴发，沿河人家十之八九都被冲走，现在的金瓜石只剩不到三千人。金瓜石虽然已没落，但是采金的遗迹仍然处处可见，同时天然景色也不差，是一处绝佳的人文与自然旅游点。

与九份只一山之隔的金瓜石，同样也是电影《悲情城市》的场景，相对于九份的繁华，则阴差阳错被大家遗忘了，但也因如此，金瓜石才得以保持其原来的风貌，没被商业给淹没了。采矿区是金瓜石发展观光业的基础，包括五坑口、台车铁道、矿脉生成的环境、矿工采矿的素描等，完整地展现了台湾采矿工业的过往，让游客认识到这一段艰苦的日子。

万安村

WAN AN CUN

门　　票：0元。

交通情况：可从花莲乘坐台铁或者包车前往。

池上乡位于台东县、花莲县之交界处，北临花莲县富里乡，其界线即是花、东二县的县界。该乡之北端沿龙泉溪（万朝溪）之北侧水流向东

南，衔接大坡溪后注入秀姑峦溪，绕过公顶山北侧后再向东南流至堵开埔山，其以北为富里乡，以南即为池上乡。

每年春节前夕，台湾台东县池上乡1000多公顷的油菜花盛开，一望无际的金黄色油菜花，连接着蓝天白云、青山碧水，绘出一幅完美的田园风光，吸引着大批游客前来。

从台东县鹿野、关山、池上到花莲县富里、玉里至寿丰，这段绵延近百公里的地区是花东纵谷里主要的稻米栽培区。平时是一片绿油油的稻田风光，但在每年12月至次年1、2月份冬季休耕期间，农民多在稻田里种植油菜作为绿肥植物。

来到池上乡旅游，除了品尝池上饭包以外，民众尚可前往池上牧野中心、池上蚕桑休闲农场、池上大坡池风景区以及池上环圳自行车道等池上著名的旅游景点，池上旅游不仅能品尝到美味的白米饭，更能体验在池上悠闲的假日时光，体验山林风情的绝美时刻。

富世村

FU SHI CUN

门　　票：0元。

开放时间：8:00-17:00。

交通情况：在花莲火车站搭台湾好行巴士前往太鲁阁。

花莲是台湾地域最大的县，因为境内极少工业，风景绝佳，好山好水好空气，被誉为“台湾最后的净土”。这里依山傍海，山清水秀，物产丰富，民风淳朴，拥有太鲁阁公园、花东纵谷、太平洋海滨等名胜，以风光秀丽著称。随着台湾开放大陆游客自由行，当地有关部门已在住宿、餐饮、交通、购物等方面做出了相应的安排，做好了接待不同层次大陆自由行游客的准备。

太鲁阁国家公园是台湾第四座“国家”公园，位于台湾岛东部，地跨花莲县、台中县、南投县三个行政区。园内有台湾第一条东西横贯公路通过，称为中横公路系统。太鲁阁国家公园的特色为峡谷和断崖，其主要的建筑有长春祠、燕子口、靳珩公园、九曲洞、慈母桥、天祥；主要的自然景观有锥麓断崖、流芳桥、大禹岭、布洛湾、砂卡砀步道、绿水合流步道、清水断崖步道、白杨步道、豁然亭步道、莲花池步道、黄金峡谷。

富世遗址，位于台湾花莲县境东北隅秀林乡和新城乡交界处的秀林乡富世村，推测距今约二千年前左右，属于台湾三级古迹。富世遗址就在富世村落内，也就是立雾溪河口右岸，太鲁阁大门牌坊前百余米处的上方河阶地上，长约300米，宽度约50米，阶地南缘新城山南麓，是陡峭的岩壁，北边是立雾溪河口，东北边面向太平洋，西边是太鲁阁口，东西方向狭长而略带弧度，类似弯眉月。

枋寮村

FANG LIAO CUN

门　　票：0元。

交通情况：搭乘火车至枋寮站。

枋寮乡位于台湾屏东县西部中段偏南，西南滨台湾海峡。枋寮乡原来是一片森林，清朝康熙年间，福建彰州居民渡海来台伐木锯板搭寮而住，取名为板寮，后改名为枋寮。清代年间，本地隶属福建省，由台南府凤山县管辖，设总理一人办理行政。

游客可依指标循着北势溪骑自行车旅游，或者到海堤前的海鸥公园走走，看看夕阳，晚上在火车站前的海产店品尝一回生猛的海鲜美味，度过

一个闲适的美丽假期。

枋寮渔港休闲码头上午十点多至下午时分，渔船载满鱼获归港，港口周边有摊贩专卖新鲜捕捞的海鲜以及地方海鲜小点心，码头灯塔旁堤防是钓客的最爱，并有规划的多间餐饮店，是用餐休息、欣赏地方港口的好去处。

大芦村

DA LU CUN

门　　票：15元。

交通情况：在灵山县城可搭三轮车前往，需12元左右。

大芦村位于广西钦州灵山县东郊8公里处，号称“荔枝村”。这里最值得一游的是有着丰厚历史文化底蕴的古文化住宅群，大芦村劳氏古宅共有九个群落，分别建于明清两代。

大芦村民俗风情旅游区是广西三个著名古村（镇）之一，以古建筑、古文化、古树（俗称“三古”）名列广西三个古村镇之首，具有民宅建筑古老、文化内容丰富、古树参天、生态环境良好四大特点。

大芦村由九个明清古建筑群落组成，规模庞大、古朴雄浑、文化底蕴丰厚。那里原本是芦荻丛生的荒芜之地，15世纪中期始有人烟，经过先民们的辛勤开发，几度兴衰，到17世纪初已建设成为有15个姓氏人家和睦相处的富庶之乡。为了使后辈不忘当年创业的艰辛，故而给村子取名大芦村。

大芦村保留了明清两代沿用下来的楹联300余幅，内容具有修身、持家、创业、报国之特点，被广西楹联学会和广西民间艺术协会授予“广西楹联第一村”。

秀水村

XIU SHUI CUN

门　　票： 0元。

交通情况： 贺州汽车站有直达车到富川县，在富川县富江桥的沿江路边上乘车到朝东镇后乘坐当地小巴车5分钟即到。

秀水村坐落在潇贺古道的冯乘（富川）至谢沐关道的东南侧。统观秀水村毛氏宗祠的大门及各进士门楼，宽度在1.25米至1.55米之间，这正是秦汉时车舆的宽度，且门的两边皆立有车轮形的石鼓、半车轮形的石月，门框石槛也被做成古车架的样子。据《毛氏族谱》记载，先人之所以将宗祠大门、进士门楼做成舆辕的样子，便是要儿孙记住祖先沿秦古道迁徙至此的不平凡经历、创业立寨的艰辛过程。还有状元坪前鹅卵石花街上的圆形图案，据中山大学中文系教授黄伟宗先生说，该图案中心为四方形，由鹅卵石镶嵌成的条纹自中心成放射形线状向外扩散，它象征着秦汉时车舆的车轮，放射形线即为木轮的车辐，毛氏先人在花石街上砌车轮，也是要告诉后代他们是乘车自秦古道迁徙至此的，让后人记住他们迁徙、立寨的不平凡经历。

秀水村不仅有岭南秀美的山村风光，还有毛氏宗祠、状元楼、进士门楼、古戏台、石板街巷等历经千年风雨的古建筑和明清风格的民居村落，更有延绵千载不衰的文脉风水。秀水村保留着上至皇帝下到知县赐封、贺赠的匾额，匾款花式各异、琳琅满目，堪称是一个天然的中国文教史博物馆。秀水村既是广西闻名遐迩的旅游胜地，也是富川瑶乡盛名独具的状元村。

忠良村

ZHONG LIANG CUN

门　　票： 0元。

交通情况： 坐204路可以到罗文农场/石埠迁街，在那里坐三轮车即可到忠良村。

广西南宁市西乡塘区石埠街道忠良村位于南宁市西部，东接乐洲村，南临邕江，河岸线约2000米，北靠永安村，属丘陵地带。忠良村曾经是一个传统的村落，2014年以来，当地有关部门深入挖掘这里的特色文化，全力打造“产村互动、农旅融合”的“美丽南方”休闲农业（核心）示范区。目前，示范区建设已初具规模，吸引不少游客前来观光游览。

丹洲村

DAN ZHOU CUN

门　　票：20元。过河费2元，洪水期再增加1元（7:00前、19:00后过河）。

交通情况：融安火车站—融安汽车站（三轮车，大约5元）—丹洲风景区渡口（面包车，大约15元）。

广西三江侗族自治县丹洲镇丹洲村位于融江河中的一个小岛上，原是一座始建于明代、距今已有400多年历史的古城。岛上现存有丹洲书院、东门、北门、古城墙、闽粤会馆、古民居等一批明清建筑，为国家级4A级景区和全国农业旅游示范点，每年吸引众多游客前来观光游览。

丹洲古镇位于广西自治区柳州市三江县南端，西邻融水，南靠融安县城，209国道贯穿全镇7个行政村，西有枝柳铁路线和融江航线。往南140公里达柳州，北上55公里到三江县城。丹洲村四面环水，是柳江河上一座椭圆形的岛屿，宽1.6平方千米，人口1058人；曾经是明清两朝时期的县城所

在地，遗留下许多400年前的古迹。居民世代以种植沙田柚为主，岛上种植着1100棵沙田柚树，有的树龄已达到上百年。年产沙田柚30多万公斤，果质味甘爽口、蜜香清甜。丹洲在夏、秋两季会举办“柚子节”，到时男女老少忙着摘柚子、卖柚子，游客可参与其中，乐趣无穷。柚子堆满厅堂，游人挤满村落，如不提前预约客房，就只能去县城投宿了。

古城秀丽、果子飘香，恬静清幽的环境吸引着无数的游人。主要景观有福建会馆、北门楼、古城墙、古书院、东门、柚子林、古县衙门、城隍庙、古民居建筑等。景区有农家旅馆52家，每年11月初都开展柚子节活动，游客可以在古镇住农家屋、吃农家饭，尽享农家之乐。

同江村

TONG JIANG CUN

门　　票：0元。

交通情况：同江村距南宁市区约35公里，距江西镇人民政府驻地7公里。

同江村位于左江、右江、邕江三条河流的交汇处，即广西郁江老口水利枢纽项目所在地。东面与西乡塘区石埠街道办兴贤村隔江（邕江）相望，南面与那廊村接壤，西面毗邻扬美古镇，北面以右江为界与兴贤村相连。

同江村经济来源以种植业为主，主要种植水稻、香蕉、蔬菜以及发展蛇、龟等特色养殖。同江村地处三江交汇处，一直以来陆路交通相对不发达，农业基础设施差，农业经济发展仍相对落后，未来将以统筹城乡改革试点为契机，依托广西郁江

老口水利枢纽工程，打造同江村三江坡休闲度假和水上娱乐旅游区，推动同江村整体发展，实现农民增收。

大寨村

DA ZHAI CUN

门　　票：0元。
交通情况：位于龙胜各族自治县龙脊梯田风景名胜区内。

广西北部山区自古少田，居民开垦山丘梯田。广西桂林市龙胜县的瑶族人民从元代至清代开垦了龙脊山，形成了蔚为壮观的龙脊梯田。梯田如链似带，把一座座山丘围绕成四季皆景的景区。最大的梯田不过一亩，最小的梯田仅斗笠大小。春季放水开耕、秋季稻香黄遍的时候，是梯田最美的时候，游人与摄影家云集。早晨，雾气缥缈，山田若隐若现，十分诱人。而大寨村就在龙脊山脚下，是上梯田的必经之地。

农历六月初六，相传是龙王晒龙袍的日子，广西龙胜各族自治县龙脊镇大寨村举办一年一度“晒衣节”，当地红瑶妇女将鲜艳的民族服饰挂在屋外进行晾晒，杀毒灭菌去晦气。当地红瑶群众还开展了长发梳妆、“抬

金狗”送祝福、红瑶服饰加工、集体婚礼等极具民族特色的系列活动，吸引了上万名中外游客前来领略当地多彩的民族风情。

景区内有村民在各地设置的购物点乃至农家乐，但相距较远。游人可在山丘之间漫步，不用担心“缺衣少食”。

旧县村

JIU XIAN CUN

门　　票： 0元。

交通情况： 1. 从遇龙河漂竹筏到旧县。

2. 在阳朔县租自行车，骑行前往。

旧县村位于广西桂林市阳朔县，原名仙桂村，唐武德四年曾作为从阳朔分置出来的归义县县治，为了纪念这段历史，后人将村子改名为旧县。旧县绝大多数人姓黎，村中有一黎氏宗祠。旧县还有一座大名鼎鼎的古桥——仙桂桥。仙桂桥始建于北宋宣和五年（1123年），重建于南宋绍兴七年（1137年），距今已有800多年的历史，为广西尚存最古老的石拱桥。

村内田园风光迷人，清静秀丽，房舍古朴，周围山峰奇特，原生态的生活环境保存完整，是典型的世外桃源。村周边即是遇龙河，景随水流，令人流连忘返。更有四周的岭南田园作物，硕果累累，诱人驻足。

东谭村

DONG TAN CUN

门　　票：0元。

交通情况：交通不便。

海口市龙华区遵谭镇东谭村的历史，可以说是“维护国家统一，促进民族团结”的历史。珠崖庙里供奉的是平定珠崖的前伏波将军路博德、抚定珠崖的后伏波将军马援。珠崖庙前方不远处有“琼州府五神庙”，里面供奉着巾帼英雄冼夫人、李复侯王，都是当地人耳熟能详的维护琼崖安定和统一的英雄。

在村东约一里地处的“文瑞”坊，做工精致、宏伟壮观，已有500年历史。像这样的牌坊还有两座，分别是“贞寿”坊和“青云万里”坊，尽管历史让它们显得沧桑，但也透露着文明与辉煌，散发出历史魅力。

官道由五部分火山石组成，两沿和中间竖着铺设长方形的火山石，中间两边横着铺设长方形的火山石，已有600多年的历史。“五里官道现在只有几百米了，其他的因以前搞农田水利破坏掉了。”村民说，中间的路是给官人走的，两边的是给下人走的。骑马、乘轿的，到此都要步行。官道悠悠，林木俊秀。顺着官道一路感受着脚下陈年石道的高低不平，仿佛看到进士们衣锦还乡、鼓乐齐鸣的壮观场面。

保平村

BAO PING CUN

门　　票：0元。

交通情况：从崖城乘车至保平。

保平村位于海南省三亚市崖城镇，地处崖州古城西南8里，古称毕兰村，是古崖州的边关重镇、海防门户。毕兰村历史悠久，沿革甚远。唐时因李德裕谪居毕兰而扬名，后因宁远河水冲毕兰，村民移居黎地。此后不断迁来的居民，聚居于毕兰村北，取名“保平村”，意为保世代平安。

保平村美丽富饶、老树环抱、双流绕村。村后倚摩天楠顶，村前望福寿南山，是一块神龟福地。前山后岭重林叠翠，稻海飘香。保平经济以粮食生产、南繁育种、水果槟榔、冬季瓜菜为支柱产业，每年都有大批优良种子、热带水果、冬季瓜菜、槟榔椰子远销全国各地。村委会计划完善村北经济区的功能建设，以促进保平经济发展，使保平能早日步入小康。

保平村历史悠久、文化蕴厚，村中保存完好的明清古宅，是崖州古建筑最有代表性又最集中的古代民居建筑群。门楼、正室、横屋、正壁组成的生态庭园四合院，是保平古民居最具建筑艺术和布局特色的乡村古建

筑。至今尚完好保存的陈氏古宅，雕花梁墩、绘画墙体、神龛雕刻、龙凤麒麟、鹤松梅竹，其图案精美、工艺精细，堪称崖州神龛之最。

槟榔村

BING LANG CUN

门　　票：93元。

开放时间：8:00-17:00。

交通情况：乘坐公交22路到槟榔河景区（终点站）下车即可。

槟榔村位于海南省三亚市凤凰镇东北侧，因傍依槟榔河，盛产槟榔而得名，是一个纯黎族行政村，总耕地面积8000亩，以种植水稻、大棚瓜菜、槟榔、芒果、兰花等为主。

槟榔村不仅仅是全国闻名的社会主义新农村建设示范村，也是全国“巾帼示范村”和“美德在农家”示范点，槟榔村人的生活质量和村庄建设均有着不同以往的变化。走进槟榔村，展现在你面前的是宽敞整洁的村庄大道、美丽蜿蜒的槟榔河、排排高耸的槟榔和椰子树、散发着淡淡香味的奇花异草。新鲜的空气和美丽的景致令人陶醉。

庆龄村

QING LING CUN

门　　票：0元。

交通情况：交通不便。

庆龄村，距文城镇30公里，距海口市约80公里。该村辖有长春、宝兔、昌田、昌爱、宝树山、打寻、旧宅、龙帮美、福临、古路园、罗堆、罗床等自然村。著名的“宋氏祖居”就坐落在该村委会的古路园村，宋庆龄的高祖、曾祖、祖父3代都居于此地，宋庆龄的父亲宋耀如于1861年在这间祖居里诞生。为纪念宋庆龄及其家族在历史上所做的贡献和深远影响，文昌市人民政府于1985年修复宋庆龄祖居，邓小平亲笔题写了“宋氏祖居”四个大字，并在宋庆龄基金会和海内外友好人士的支持下相继兴建宋庆龄陈列馆、宋庆龄植物园，还在祖居北边竖起了高达3.2米的宋庆龄汉白玉雕像。

祖居西北侧约200米处是宋庆龄生平铺排馆。馆内分别铺排着宋庆龄青少年年代、革新战争年代和从事国际和平工作的史料、相片、图表、绘画230多件，拷贝什物有150多件。包含宋庆龄的祖、父两代人用过的物品，种田用的犁和耙，挑水用的担和桶，还有煮饭用的锅和灶等。墙上还挂着宋庆龄高祖、曾祖和祖父的相片、家谱以及一些前史。

东方村

DONG FANG CUN

门　　票：0元。

交通情况：交通不便。

万宁市位于海南岛东南部沿海，东濒南海，西毗琼中，南邻陵水，北与琼海接壤。万宁市城市总面积为4443.6平方公里，其中陆地面积1883.5平方公里，海域面积2550平方公里。

万宁素有中国著名的长寿之乡、咖啡之乡、槟榔之乡、温泉之乡、书法之乡、华侨之乡、海南美食天堂、中国冲浪之都等美誉。

海南岛的东山岭摩崖石刻群，留下了宋、元、明、清、民国和当代千秀竞奇的摩崖石刻真迹，隶、楷、行、草琳琅满目，是海南省石刻文物中保存完好、分布面积最大的古代摩崖石刻群，为海南独特一景。明代大学士邱浚赞誉为“环海三千里，琼崖第一山”，现已经列为海南省级重点文物保护单位。万宁市万城镇东方村是“海南第一山”所在地的村子，是具有典型海南文化特色的地方。当地居民淳朴善良，游客流连忘返。

美社村

MEI SHE CUN

门　　票：雷琼世界地质公园60元。

开放时间：7:30-18:00。

交通情况：在海口市府城镇红城湖路“琼山中巴车站”及南海大道各公交站搭乘“府城—美安”的中巴车可直达公园。

美社村是海南省海口市秀英区石山镇施茶村委会的一个自然村，地处雷琼世界地质公园规划区内，位于马鞍岭火山口南麓，交通便捷、生态良好、景色优美，是颇具特色的火山村寨。美社村有168户、786人，村民以种植水果、瓜菜为主，全村有20多个果园农庄和果园庭院，是羊山地区较为富裕的村庄。全村遍植热带珍贵林木，其中“国宝花梨”尤为突出，是闻名遐迩的花梨村。美社村史悠久、底蕴深厚，是历史文化名村。

清末民初，海南著名学者、教育家和出版家王国宪曾为该村题赠“礼让休风”和“光分鳌极”匾额，赞颂该村守礼谦让、村风文明。建于20世纪初的“福兴楼”曾是1939年村民抗击日寇的碉堡，也曾见证了1948年琼崖纵队战士的英雄事迹。今天的美社村民勤劳淳朴、热心公益，修建了文化广场和文化室，成立了八音队和妇女秧歌队，文娱生活丰富，文化氛围浓郁。

高林村

GAO LIN CUN

门　　票： 文笔峰84元。

开放时间： 8:00-18:00。

交通情况： 从海口东站或南站坐省汽快车到定安县，然后再从定安坐中巴车到文笔峰即可。

高林村位于海南省定安县文笔峰附近。文笔峰位于海南省定安县的中部，它平地拔起，山色秀美，为海南省著名景点之一。

文笔峰从山腰至山顶主要由玄武岩和片理岩组成，山上植被茂盛，山顶常有云雾缭绕。文笔峰，又名文豪岭。“文笔”“文豪”的意思就是文采、有文采的人。关于文笔峰的由来有一个神奇的传说：相传很久以前，有位仙人挑着一担仙土准备送到王母娘娘的蟠桃园，路经定安的时候，看到这里人杰地灵、美景如画，便停下来歇歇脚、饮酒赏景，一筐土放在自己的脚下，另一筐土放在旧州，仙人不知不觉就喝醉睡着了。这一睡睡了很久很久，两担土变成了两座山，定安这座山就是现在的文笔峰。

文笔峰原名李家岭，据史料载，这个名称是大唐军队留下的。大唐以东方帝国的恢宏气象，无远弗届，举凡生民往来之处，都被纳入其文明开发的蓝图，海南当然也不例外。但是，大唐帝国拥有广袤的江山，希望能将每一处山水都冠以皇家姓氏，而李家岭独得青睐，方圆三十里地域，也因此被划为皇家禁苑。

南轩村

NAN XUAN CUN

门　　票：0元。

交通情况：交通不便。

南轩村位于海南省澄迈县金江镇。在南轩村附近，有一处名为大泻的平原瀑布，溪水在平原上缓缓流淌，突然出现高达十几米的断崖，溪水从岩石间飞流直下，溅起如碎玉般的水花，非常壮观。

与南轩村口相望的，是一块高约3米的石照壁。该壁由56块火山石砌成，壁两面顶端正中刻有“紫气东来”“福星高照”，中央篆刻一大“寿”字，四边塑有鹿、灵芝草等图案。清末时期，县令派差役到乡村巡察民情，当差吏到南轩村见到石照壁的雄伟气派时，认为有“犯上”之嫌。于是，差役训斥大宅之主人，并告知要带人来拆除。为了保住石照壁，村中父老想到了同宗的大美村内史官王赞襄，于是派人到大美村借来明朝神宗皇帝赐给王赞襄的黄色绣花的“五爪龙袍”，披挂在石照壁上。第二天，差役看见“五爪龙袍”，才不敢拆除石照壁。

八村乡

BA CUN XIANG

门　　票：0元。

交通情况：从保城镇出发，沿省道S305向东行驶20余公里，历时40分钟车程即可到达八村。

海南岛保亭黎族苗族自治县的八村乡地处五指山腹地，风光秀丽、四季常青、雨量充沛、土地肥沃，水稻一年三熟，并适宜种植亚热带经济作物。

什（zá）岭镇位于保亭县东部，距离保城镇县城11公里，素有保亭“东大门”之称，与陵水县毗邻。什岭镇交通较便利，有省道305贯穿其境，距离陵水31.2公里，距三亚84.3公里。

提到什岭镇，不得不提一个藏于深闺人不知的“八村”。它是保亭什岭镇八个自然村的“统称”。八村是一个未经开发的“处女地”，它拥有宝贵的原生态旅游资源，一年四季各有美景：新春前后，枫叶最红、木棉最艳；4月中旬，白色木棉花絮萦绕幽谷；6月中下旬，野生山竹、黄皮、龙眼及野毛丹成熟，加上一片稻谷黄，成就了黎苗族同胞欣欣向荣的生活美景。

什寒村

SHI HAN CUN

门　　票：0元。

交通情况：交通不便。

什寒村坐落在海南省琼中黎族苗族自治县黎母山和鹦哥岭之间的高山盆地中，森林茂密，溪流缠绕，有着“天上什寒”的美誉。这里居住着苗族同胞300多人、黎族同胞200多人，曾经是琼中最偏远、贫困的村庄之一。如今，什寒正从贫困山村向着原生态休闲旅游村转身。

什寒村坐落在红毛镇海拔800多米的高山上，藏身在黎母山和鹦哥岭之间的高山盆地中，是省内海拔最高的村庄之一。村子的东、西、北三面都是天然林保护区，共计10.4万亩。保护区内气候温和、雨量充沛，是什寒村这个世外桃源与喧嚣俗世的天然屏障。据测定，这里的空气中，被誉为“空气维生素”的负氧离子的浓度每立方厘米空气中不低于4万个。什寒村适宜居住、养生、旅游等，是一个难得的天然氧吧。

除了原生态风光的天然优势，什寒村里黎族苗族人民共居，两个民族融合程度之高，是非常少见的。什寒村具有黎苗文化特色的乡村休闲旅游更是独一无二、引人入胜。

红山村

HONG SHAN CUN

门　　票：0元。

交通情况：乘坐65路公交车至梯面镇，然后乘坐65路公交车延长线或者704路前往。

红山村是花都区首个“全国文明村”，位于梯面镇西部，距离镇中心城区4公里，该村基础建设扎实，环境优美，全村面积14.5平方公里，村民主要种植水稻、蔬菜、花生等经济农作物，村集体种植了白榄220亩、花椒150亩、竹笋100亩。该村是乡村游的特色村，建有观光木长廊、木凉亭、灰塑、鼓楼等景点，每年以桃花、油菜花节接待各方来宾。

红山村位于具有广州“九寨沟”之称的王子山森林公园的脚下，被誉为“广州市最美的山村”。春天绽放的油菜花，夏季清澈透明而又凉爽的溪水，秋天的稻田以及风景优美的荷塘、水车、鼓楼、桃花岛，映衬着远方郁郁葱葱的山峦，显得格外动人，每个周末都有无数广州市民前来欣赏红山村的美景。

南岗瑶寨

NAN GANG YAO ZHAI

门　　票：80元。

开放时间：8:30-17:30。

交通情况：自驾路线：清远市—人民二路—人民三路—人民四路—江南北路—S114—江北路—清和大道—青连高速公路—G323—团结大道—府前路—千年瑶寨。

南岗瑶寨位于距连南县城20公里的南岗镇，它是目前所存不多的较为古老原始的瑶寨之一，寨中街道横直有序，民居古朴整齐，有“大哥排”“首领排”的称誉。这里山势雄伟，古道蜿蜒，沿途可见古树古墓，寨旁的千顷梯田，由山脚向山脊层层延伸，连绵而去，充满韵味，是摄影迷和丹青好手采风的胜地。南岗镇还是全国瑶族聚居人数最多、分布地域最广的乡镇。

距今已有千余年历史的广东连南瑶族自治县南岗瑶寨位于县城西南部，海拔803米，占地面积159亩。古寨依山而建，有368幢明清时期建的古宅，房屋层层叠叠、错落有致，与整个山势形成和谐的一体；寨内石板道纵横交错，四通八达。

红珠石村

HONG ZHU SHI CUN

门　　票： 彭家祠：40元，洞天仙境：60元，老虎谷暗河漂流188元。

开放时间： 8:00-17:30，老虎谷暗河漂流：13:30-15:00。

交通情况： 走广清高速，在清远西出口转出—清连高速，在九龙，浸潭出口转出左转，走800米后在第一个路口左转（记得第一个路口就要左转啦）再沿路往前走10分钟车程就到达九龙镇。

红珠石位于广东英德市九龙镇英西峰林西南1.5公里处，红珠石村得名于村后山冈上盛产红色铁矿石，因其独特地形地貌，先祖将此地取名红珠石。红珠石村开村于乾隆三年（公元1738年），距今已有270多年历史。

英西峰林走廊是广东省新辟的一条原始风光旅游线。它位于广东省英德市西南部的九龙镇、明迳乡、岩背乡之间，由1000多座呈线形排列的石灰岩山组成，山峰千姿百态，绵延20多公里，有第二桂林之美称，是广东省唯一的峰林旅游长廊。

英西峰林走廊的地质结构与桂林相似，同属峰林、峰丛地貌，形成于两亿多年前。其千姿百态的山峰、神秘莫测的岩洞、林立的怪石、变幻无穷的云海雾景，加上富有浓郁乡土气息的田园风光，使人有一种回归大自然的感受。

大简村

DA JIAN CUN

门　　票：0元。

交通情况：交通不便。

大简村位于东涌镇的西部，由大鹏、大指南、沙二堡、沙三堡等自然村组成。大简村在清代由何、黄、王姓开村，村民姓氏主要有黄、冯、郭、何、梁、陈、王等。大简村原与大同村合称为大乌乡，1962年时分为大简村。大简村有多处历史文化遗迹。大简雕楼，该雕楼建于1946年，由何生利出资建造，建有雕楼四个，分别建设在其土地的周边。另在大简涌尾、大鹏涌口、东二等地也建有雕楼，用于保护其围垦的土地，后于1958–1966年拆除。大简红棉树，位于大鹏的堤边，该红棉树种于1946年，由何生利从外地移入种植，种植时高有7～8米。现剩3棵，有20多米高，直径80厘米以上，每年开花不断。

每年春天，广州市番禺区大简村近万株樱花竞相绽放，花期持续到3月中旬。据悉，大简村的樱花是经过十几年的改良试验和精心培育出来的旺地樱花品种，它打破了“广东地区不适宜种植樱花”的传统观念，让广州市民不出广州也可以欣赏到樱花。

小洲村

XIAO ZHOU CUN

门　　票：0元。

交通情况：468路、252路等公交到小洲下。

小洲村，位于广州市海珠区东南端，始建于元末明初，是广州城区内发现的最具岭南水乡特色的古村寨“小洲”，被称为广州“南肺”。已被列为广州市首批16个历史文化保护区之一，并被评为广东省生态示范村。

小洲村南临珠江南河道，隔江与番禺相望，东临牌坊河，峙对官洲岛和仑头，西北与土华村相接。小洲村有着深厚的历史文化底蕴，古祠堂、古庙宇、古民居、古桥、古树、古街巷、古井等具有典型的岭南建筑风格的古建筑别具一格。

这里至今仍保留着岭南水乡最后的小桥流水人家，走进小洲村，就好像走进了一座民俗博物馆。民居沿河而建、枕河而居，随处可见的百年古榕浓荫蔽日，五六百年高龄的蚝壳屋见证着岭南的曾经沧海，阡陌交错间随便跨过的一口古井都有几百年的沉淀。

白水寨

BAI SHUI ZHAI

门　　票： 60元。

开放时间： 8:30-17:30。

交通情况： 在广州多个客运站乘车至从化街口客运站，即可转乘直达白水寨的旅游专线车（每半小时一班）；芳村客运站新增了增城派潭班线，搭乘此班线可直达白水寨。（运行时间从早上7:30至晚上19:30，每小时一班。）

白水寨风景名胜区位于增城区派潭镇，面积约170平方公里，北回归线穿境而过，被誉为北回归线上的瑰丽翡翠，属山岳型风景名胜区。白水寨园区内的自然生态资源非常丰富，竹影碧绿、古木参天、蝶舞蜂飞，尤其是面积达200平方公里的茂密水森林，是夏季避暑纳凉的天然帐幕。

白水寨风景名胜区拥有原始森林、浅滩湿地、峡谷天池等广东罕见的自然生态资源，其中最令人瞩目的当属落差高达428.5米的全国内地落差最大瀑布——白水仙瀑。其形态优美，仿如仙女下凡，相传乃八仙之中何仙姑的化身。白水寨还是一个天然氧吧，山林飞瀑区域空气负离子含量高达11.25万个/立方厘米，位列广东景区之首。

白水寨瀑布的历史悠久，早在20世纪80年代，白水寨就曾出现过，到了20世纪，人们不断抽取白水寨天然的水源来获取更大的电能源。后来增城的摄影爱好者温敏崇从外国回到增城，发现瀑布被不断地损毁，所以向政府建议恢复白水寨瀑布的美景，最后经过温敏崇几次恳求，政府同意了温敏崇的建议。20世纪末，白水寨的瀑布奇观再次出现。

大稳村

DA WEN CUN

门　　票：0元。

交通情况：乘坐番141b短线、番141b路、番141短线、番141路、番152路、番禺11路、南33路、南48路至“大稳村”站下。

广东省广州市番禺区东涌镇大稳村，位于东涌镇的北面，面积4.7平方公里。

大稳村位于东涌镇的北面，西南隔骝岗水道与鱼窝头镇的小乌、天益两村相邻，北面与石基村相接，东面连接东涌村，南面连接南涌村号称广州市观光休闲农业示范村，被称为最美的生态乡村。

假日里，骑行在大稔村的环村绿道上，龙眼花的香味儿弥漫着整个水乡村落。

有序的河道旁满是参天古榕、各色果树、花卉和观赏树种，一路美景，令人心旷神怡。

沙湾北村

SHA WAN BEI CUN

门　　票：免费开放。沙湾古镇免费开放，但古镇内的留耕堂、三稔厅、衍庆堂3个景点需收费，联票票价为20元。

开放时间：9:30-17:30。

交通情况：番禺市公交：在番禺市桥乘坐番6、番7、番12、番67（途经市桥地铁站）、番68公交车至文体中心（或留耕堂站），下车步行至沙湾古镇。

沙湾北村是沙湾古镇的核心区域，地处沙湾镇中心北面，青萝路以南，历史文化资源丰富，民间艺术饮誉南国。先后获授中国民间艺术之乡、中国历史文化名镇、中国兰花名镇、全国文明镇、国家卫生镇等荣誉称号。

沙湾文化是以传统历史文化和民间文化为主体的水乡文化。沙湾古镇物质文化遗产和非物质文化遗产资源丰富，大量祠堂、庙宇等古建筑和商业遗址、民居遗址保存完整。有“中国民间艺术之乡”“广东音乐之乡”“飘色之乡”“中国龙狮之乡”“广东省民间艺术之乡”“民间雕塑之乡”“广东省古村落”之称。

走进沙湾古镇区，可以清晰辨析古镇发展的历史脉络，现存的街巷错落纵横、宗祠古屋点缀其间、檐缘梁枋巧饰雕琢，沙湾古镇“石阶石巷”的古村落格局保存完好，并保留了大量明、清、民国时期的古建筑。是珠三角中心广府文化的杰出代表，这里的飘色被誉为南国艺术奇葩。全镇现存以留耕堂为典型代表的古祠堂约100座，还有一筒竹、三间两廊、镬耳屋、高楼、西式住宅、自由式民居等建筑。沙湾古镇保存了大量砖雕、木雕、石雕、灰塑、壁画等艺术精品，艺术风格具有浓郁的岭南特色。

杨箕村

YANG JI CUN

门　　票：0元。

交通情况：乘坐地铁1号线或地铁5号线至杨箕站下车。

杨箕村位于广州城区东部、中山一路东端南侧。明末清初建村，原名簸基村，因村旁有沙河涌，河水晶莹而得名。北宋天禧三年（1020年），杨箕村的中部石门一带，已有黄氏族人在此造田建业。杨箕村的中部石门口一带，已有黄氏族人在此造田建业。当时的杨箕村，还是一片河滩小墩，被珠江水冲积成块状，形状颇似民间筛米的箕，由此得名“簸箕里”。后为避同名，且村西有一杨桃园，遂改“杨箕村”。距今960年前，已经有人在这片土地上栖息了。

时光荏苒，从宋仁宗嘉祐年间开始，因为战乱、朝廷委派入粤任职或同宗推荐等原因，姚氏竹芳祖、李氏深海祖、李氏赖南祖、秦氏仕豪祖、姚氏均达祖、姚氏礼庭祖、梁氏贵明祖，先后进村择地建点开基。他们大都是从陕西、河南、江西、闽浦等地南迁的移民。在这片空白的土地上，他们勤劳地开拓自己的家园。

杨箕村三面环水，东临火甲涌、南临珠江、西环沙河涌，水源充沛。东面的村口有一列翠竹林带，西边出口沿沙河涌边是一排整齐的古榕树，南边的出口是一条东西流向的水松圳，圳坑两旁站立两排高耸的水松树，北边的出口排列着十多棵高大石栗树。杨箕村有位叫伯蕴的教师，曾经这样感慨："东出翠竹林，西入古榕荫，南临水松帐，北沿禄影行。"说的就是杨箕村绿荫缤纷的自然美景。杨箕村就安安静静地伫立在这些山水良田之间。在当年，杨箕村的东南西北分别有雄镇、泰来、长庚、永巩四个牌坊——今天的杨箕村，依然保留着泰来坊、雄镇坊的复制品——它们是杨箕村四面唯一与外界相通的通道。四座牌坊延伸出来的大街，是村民前往农田耕作的主干道，同时也连贯着全村80多条横街小巷，串通着全村的房舍。村内有祠堂6间、公厅5间、庙宇4间、社学3间、鳌耳举人屋7间，还有400多间蚝壳墙、桩泥墙、红米石脚墙的明清风格住宅。

陈村

CHEN CUN

门　　票：0元。

交通情况：交通不便。

陈村镇地处珠三角的中心和广佛都市圈群内，是广州、佛山、顺德、番禺、南海交通交会处，是顺德的"北大门"，总面积50.7平方公里。

陈村镇历史悠久，是著名的鱼米之乡、花卉之地。自古人烟稠密、物产丰富、商业兴旺、交通发达、自古即为商贾云集之地，曾与广州、佛山、东莞的石龙镇合称"广东四大名镇"，是珠江三角洲主要的商业中心，也是广州市郊主要的金融和粮食市场，有"陈村谷埠"之称；又因盛

产花卉，素有“中国花卉第一镇”的美誉。

陈村镇位于珠江三角洲冲积平原、北回归线附近，属亚热带季风气候，夏无酷暑，冬无严寒，年平均气温为21.9摄氏度，年降雨量为1982.7毫米，平均相对湿度为77%。这里地势平坦、土地肥沃、雨量充沛、气候温和、水陆交通方便，为各种植物、花草的成长提供了极佳的生长条件，为花卉业的发展提供了良好的自然环境。

薄扶林村

BAO FU LIN CUN

门　　票：0元。

交通情况：交通便捷。

不少人认为香港是一个灯红酒绿的现代都市，其实香港还保存着很多具有传统风俗的乡村，薄扶林村就是其中之一。薄扶林村是香港一个历史悠久的乡村，位于香港岛薄扶林，已有三百多年的历史。

康熙年间三藩之乱时约有二千人从中国大陆避难到此，成为香港岛最早的原居民。当地居民过去曾多次要求政府给予跟新界原居民同等的权益，但被政府拒绝之余，还面临被清拆的命运。

日前，世界建筑文物保护基金会公布2014年观察名单，香港特区的薄扶林村成为唯一入选的中国文化遗产。这也是香港文化遗迹首次入选。薄扶林村是香港历史悠久的乡村，已有300多年的历史。薄扶林村附近有不少殖民地时代的建筑，中秋节时村内还有“舞火龙”的传统。从20世纪50年代开始，村庄从自给自足的农村演变为一个开放型的社区。

林村

LIN CUN

门　　票：0元。

交通情况：交通便捷。

林村位于香港新界大埔区的山区，700多年前就有人居住。林村在香港家喻户晓的原因主要是许愿树。许愿树是两棵大榕树，当地村民视其为神明，并常在其下燃点香火祈福许愿。后来，人们开始制作“宝牒”，把姓名、生日及愿望写在“宝牒”上，再附上百解符、贵人指引等，并将其系上重物抛上树，不跌落下来者代表愿望成真。

新春佳节，很多香港人选择去林村，一是到许愿树下抛掷“宝牒”，二是到那里赶新春大集。由于经常受到“宝牒”缠绕，许愿树已变得相当脆弱。为了保护老树，2009年林村用一棵塑料许愿树作为原树的“替身”承纳“宝牒”，此举得到市民和广大游客的认可，塑料许愿树下依然人流不减。

而为了赶年集，众多香港都市人一早便从城区赶来，先在新春大集上凑个热闹，然后到许愿树下抛“宝牒”。虽然天气寒冷并下着小雨，但到了中午，许愿树下已是人声鼎沸，“宝牒”也越挂越多，像是长在树上的累累果实。

林村的年集和北方的庙会没太多区别。这里直到傍晚，市集地面上基本还保持着片屑全无的状态，看不到一个游客随手乱扔包装纸；需要排队的地方也秩序井然，很少有乱插队的现象。暮色降临，林村人流逐渐散去，乡村重回静寂，市面上依旧整洁如初，只有象征未来期盼的金黄色“宝牒”还在枝头随风舞动。

吉澳渔村

JI AO YU CUN

门　　票：0元。

交通情况：有游船往来香港及其离岛。

香港有大小海岛260个，香港岛以外的都称为离岛，其中大屿山、南丫岛、长洲及坪洲等都有较多人聚居，有着朴实的民风和优美的环境，魅力无穷。吉澳岛是香港最远的离岛之一，位于新界东北部，毗邻深圳盐田港货柜码头，岛屿面积2.35平方公里。

吉澳岛最高点海拔120多米。吉澳岛昔日为大鹏湾渔民出海捕鱼时的停泊岸，拥有天然的避风塘。后来，一些客家人聚居于此，从事渔、耕，开设商店。20世纪50年代时，村民曾达到2000多人，目前岛上只有50多人居住。由于地处偏远、交通不便，游客很少，当地自然生态保护良好。

吉澳供奉天后庙，该庙供奉的除了天后，还有各海神的神像。精雕细琢的木刻还有中西文化交融的西方门神。吉澳码头和其他渔村一样，有许多卖干货的铺子，出售村民自产的虾干、菜干、干贝、淡菜、银鱼、紫菜等。岛上有特色餐饮，特产有茶果和糯米糍。

大埔头围村

DA BU TOU WEI CUN

门　　票：0元。

交通情况：交通便捷。

香港作为现代化国际大都市，依然还保留着一些都市里的乡村，称为“围村”。正月里，围村里的人们祭祖、吃盆菜，为新添的男丁点上红灯笼，种种仪式，沿袭了华南地区盛行的许多中国传统。

大埔头围，位于香港新界大埔区的村落，分为两村，近林村河有围墙的，旧称大埔头围，也叫“水围村”或“老围”；靠近山边的，则叫大埔头村，村民多姓邓。如今的村庄，农田已经随着香港房地产业的发展而兴建了高楼。但是，大埔头围村村民们还保留了很多传统习俗。春节吃“盆菜”就是其中的代表。

新春佳节，围村居民会通力合作，准备隆重而盛大的盆菜宴席。夕阳下炊烟袅袅，家家户户张灯结彩，一派繁忙与喜庆的气氛。团坐一起吃盆菜，迅速热络了感情，也多少恢复了往日的村庄景象。

龙跃头老围

LONG YUE TOU LAO WEI

门　　票：0元。

交通情况：交通便捷。

老围位于香港新界粉岭龙跃头，是新界邓氏家族聚居的围村。老围门楼及围墙于1997年被列为香港法定古迹。

龙跃头邓族于13世纪由锦田移居于此，先后建立了“五围六村”，老围便是五围中最早建立的围村。老围建于一个小山丘之上，四周筑有厚厚的围墙，围墙内房屋排列整齐有序，四周围墙的正中部分建有高台，用于监察防盗。围门东向，地基高出地面，门前有石梯出入，围门窄小，门口的对联为“门高迎紫气　围老得淳风”。内有水井，遇盗贼来袭时，可闭门坚拒而仍有足够食水供应。老围虽经历过多次修建，但其围墙结构和围村布局仍保存完整。

路环村

LU HUAN CUN

门　　票：0元。

交通情况：出了澳门关，坐巴士25路可到。

路环村俗称路环市区，是位处于澳门离岛路环的古老村落。虽然被叫作市区，但路环居民较少，保留着原始的乡土气息。路环村向北延至旧渡轮码头和废楼区，向南伸至谭公庙为界。在清代，海盗是严重威胁当地渔民和商人的一大问题。村子附近是澳门官民与海盗斗争的场所之一。圣方济各小教堂前面的纪念碑是纪念葡萄牙人于1910年成功驱逐海盗的一次战役。因城市发展和居民较少，村子空气质量比澳门半岛清新。1972年7月，香港考古学会应澳门市政厅邀请在包括路环村的五个地点进行考古发掘，发现了新石器时代的文物，揭示澳门潜藏了史前的文化遗产。

徜徉在路环，可见色彩鲜明的房屋、纵横交错的巷子、各种小生意的摊位，整个村子非常有情调。著名景点除上述的圣方济各小教堂外，还有路环图书馆、天后庙、潭幺庙等。

后 记

POSTSCRIPT

本书由新华社报道成果自编著而成。图片全部是新华社版权作品，文字部分由新华社的报道片段结合网络上的旅游信息编纂而成。本书参与人员有新华出版社新媒体中心的张程、雒悦、林郁郁、刘耀京和两位实习的大学生陈卫倩、林致君。

因为时间仓促，加上水平有限，书中难免有信息不全甚至错漏的地方，欢迎读者批评指正。